图书在版编目(CIP)数据

变革的6个秘密:杰出领导人如何帮助组织生存和强盛/
(法)富兰(Fullan,M.)著;朱丽译.—上海:华东师范大学出
版社,2011.6
　ISBN 978-7-5617-8649-9

　Ⅰ.①变… Ⅱ.①富… ②朱… Ⅲ.①教育组织机构—
教育改革—研究 Ⅳ.①G513

中国版本图书馆 CIP 数据核字(2011)第 111647 号

The Six Secrets of Change: What the Best Leaders Do to Help Their Organizations Survive and Thrive/by Michael Fullan
Copyright © 2008 by John Wiley & Sons, Inc.
Simplified Chinese translation copyright © 2011 by East China Normal University Press
All rights reserved. This translation published under license.
本书中文简体字版由 John Wiley & Sons International Rights, Inc. 授权出版。版权所有,盗印必究。
Copies of this book sold without a Wiley sticker on the cover are unauthorized and illegal.
上海市版权局著作权合同登记 图字:09-2008-606 号

当代学校变革的理论与实践
变革的6个秘密
杰出领导人如何帮助组织生存和强盛

著　者　M. Fullan
译　者　朱　丽
策划编辑　彭呈军
项目编辑　刘荣飞
审读编辑　冯　奕
责任校对　邱红穗
装帧设计　高　山

出版发行　华东师范大学出版社
社　　址　上海市中山北路 3663 号　邮编 200062
网　　址　www.ecnupress.com.cn
电　　话　021-60821666　行政传真 021-62572105
客服电话　021-62865537　门市(邮购)电话 021-62869887
地　　址　上海市中山北路 3663 号华东师范大学校内先锋路口
网　　店　http://hdsdcbs.tmall.com

印 刷 者　上海商务联西印刷有限公司
开　　本　787×1092　16 开
印　　张　8
字　　数　93 千字
版　　次　2011 年 11 月第 1 版
印　　次　2011 年 11 月第 1 次
印　　数　4100
书　　号　ISBN 978-7-5617-8649-9/G·5101
定　　价　19.80 元

出 版 人　朱杰人

(如发现本版图书有印订质量问题,请寄回本社客服中心调换或电话 021-62865537 联系)

目 录

前　　言 / 1

致　　谢 / 1

导论　让理论自由地传播 / 1

秘密一　爱员工 / 1

秘密二　用目标联系同伴 / 17

秘密三　能力建构优先 / 29

秘密四　学习即工作 / 43

秘密五　透明度法则 / 57

秘密六　系统学习 / 69

结语　恪守秘密 / 83

参考文献 / 94

索　　引 / 97

前　言

我曾经写过一本书,在书中,我对相当数量的商业和教育文献中的案例进行了详细的考察,试图发现点什么。2001 年,我发现了五个彼此紧密联系且与组织的成功相关的主题:道德目标、理解变革、关系、知识运用和一致性(Fullan, 2001)。

经过七年,在考察了百万个变革实例后,我提出了相同的问题:我们对复杂条件下进行的成功的组织变革了解多少呢?现在我们更急切地需要知道"变革问题"的答案,并且有许多种答案可供参考。只需列举我书桌上一些书的名字:《将胜任者与非胜任者区分开来的八种技能》(The Eight Skills That Separate People Who Perform from Those Who Don't)、《三种张力》(The Three Tensions)、《关于未来的五个创意》(The Five Minds of the Future)、《商业长期成功与失败的四个秘密》(The Four Secrets of Long-Term Business Success and Failure)、《七个自我毁灭的习惯》(Seven Self-Destructive Habits)、《使雇员心系业务的八个要素》(The Eight Essentials to Emotionally Connect Your Employees to Your Business)、《卓越管理的十二个要素》(Twelve Elements of Great Managing)。多么神圣的数字啊!

我的六个秘密来源于我对英格兰和安大略省(包括公立学校系统和大学)教育改革的理解,以及亲身参与实施的大规模的、真实性的变革,还包括我在世界各地参与的一些重要变革行动。经证明,这些秘密与商业文献有关,特别是那些提供数据和公司个案的研究。这些秘密使我们能够以批判的眼光来审视文献中的教训;它们赋予我们一种能力,使我们能够辨别什么样的意见可能是正确的,什么样的意见是明显有误的。

六个秘密并非是一种将其遮蔽在公众视野之外的阴谋;它们之所以是秘密是因为其深层意义难以被掌握,而且非常难以被整合起来理解和运用。本书旨在使这些秘密能够被掌握。我总是努力使我的作品能够吸纳当今一些重要的变革观点,并使它们有见地、可辩驳、可简明地交流。此外,正如我们在许多商业领域以及健康与公立教育系统的例子中看到的一样,这些秘密在私人领域和公共领域都能够畅通无阻。最后,它们在应对 Thomas Friedman(2005)所刻画的"平的世界"的复杂性,以及 Ghemawat(2007)所详细描述的甚至更为复杂的"半球"条件时特别恰当。

假如掌握了这六个秘密，你将重新建立起应对变革的信心，这种信心回应了 Preffer 和 Sutton 对智慧作出的简要界定："一种依据知识行动而又不盲从知识的能力。"(2006，p. 174)

我将揭示是什么增加了引发深刻而持久变革的机会。我也将表明，正如最近一些作者所表明的，从看似成功的组织中吸取的教训是多么具有误导性和危险性。最重要的是，这些秘密会引导你应对变革情境中特有的不确定性。假如已经存在应对变革的答案，我们应该很早以前就发现了，并且也不会耗资十亿美元来寻找这个答案。但是存在一些相似的答案，它们正变得非常逼近。

为了每个人的利益，现在是时候揭示这些秘密了。在 21 世纪，没有什么比学会管理变革更为重要的了。本书将有助于你做到这一点。

致 谢

六个秘密背后的思想来源于我在世界各地所从事的工作,包括澳大利亚、智利、英格兰、中国香港、爱尔兰、马来西亚、荷兰、新西兰、斯堪的纳维亚、苏格兰、韩国、泰国、美国、威尔士,当然还有加拿大。这些策略正在调动所有关键的参与者——政客、政府部门、商业团体成员、父母、社区领导、学生、教师、行政人员以及管理者。这些思想在公共领域与私人领域的运用是类似的。我想要感谢许多同事和朋友,他们与我共同致力于这项全球性事业,这项事业对我们在 21 世纪的生存至关重要。我从他们身上及我们共同的工作中获益良多。

要特别感谢安大略省的 Dalton McGuinty 省长。他委任我为特别政策顾问,使我们有机会从 2003 年到 2007 年在安大略省公立学校体系中运用这些秘密,并从它们的实际运行中获得学习。另外,在下一个四年,我们会更深入地推进选民委托的一项非常重要的任务。当领导者在做正确的事时,社会将受益,而且应用这六个秘密的策略将在政治层面发挥作用!

在家里,Wendy 和 Conor 为我创造了舒适的生活环境。许多人并非都像我一样幸运,我感觉在许多方面都获得了特权。

我要感谢 Claudia Cuttress。她支持和完善了所有与秘密相关的方案,并且对这本书的写作也有帮助——她一直都是重要思想和宝贵支持的源泉。我对她感激不尽。

最后,Jossey-Bass 是优秀的出版商。Leslie Iura 赞同本书的观点,并激励我写出来。Matt Hoover 和其他一些编辑都非常优秀,他们通过编辑使本书更具影响力、更加完善。

感谢所有允许我去分享秘密的人们。希望你们能喜欢它们。

导论　让理论自由地传播

任何时候,一种好的理论都要胜过一项战略计划。计划是工具,它只有在一定的思维方式下运用才是好的工具。无论思维方式是否有缺陷,它是理论。理论并非抽象的猜想,并且它与获得理性无关。生物学家 David Sloan Wilson(稍后我们将述及他对进化理论富有成效的运用)很好地领会了这层意思:"理论仅仅是组织观点的方式,而这些观点似乎能彰显世界的意义。"(2007,p.16)换句话说,理论能彰显真实世界的意义,并能为真实的世界所证实。最好的理论将其核心牢固地扎根于行动中。

能够很好传播的理论是那些能在实践中明智地指导人们理解复杂情形,并指向在那些情形下可能有效行动的理论。好的理论能够在公共和私人领域的组织中传播,并能被运用到地理、文化各异的情境中去。

既非理论又非行动

Henry Mintzberg(2004)以其独特的近乎刻薄的方式抨击了许多 MBA 项目中进行的抽象理论教学,因为它是一种脱离情境的理论。正如他所指出的,"技术可能被界定为某种能在头脑中运用的东西"(p.39,强调为原文所有)。技术只有"当人们有所差别地运用于具体情境中时"才是有效的(p.39)。那些传播的理论确实具有细微的差别。

如 Mintzberg 所总结的,MBA 项目着重于分析、技术和抽象的策略。但是,效率的问题不在于你有多聪明,而在于你运用的理论是否具有基础和富有见地。不要忘了安然,这个 20 世纪 90 年代最成功而又最遭诽谤的大公司,以其聪明才智为骄傲。它的领导者是拥有最愚蠢行动理论的"屋内聪明人"①(McLean & Elkind,2003)。Jeff Skilling 是总裁和首席运营官,在安然倒闭之前曾在 2001 年担任过七个月的 CEO,McLean 和 Elkind 这样描述他:"当人们描述 Skilling 时,不只是用诸如'聪明的'这样的词;他们还运用诸如'非常有才气的'或者'我所见过的最聪明的人'之类的短语……他能非常迅速地处理信息,并使新的观点概念化。他能即刻将非常复杂的问题简化为一种非常形象化的比喻。"(p. 28)

安然的管理人员中获得 MBA 学位者众多,他意在营造一种文化,即智力超常者和十足的聪明才智者是最重要的,也会获得最大的回报。正如 McLean 和 Elkind 所言,设计者并非挖渠者。再也没有比安然的理论更坏、更令人震惊的例子了,这一点我们会在这篇导论的后面提到,但现在我要说的是,扎根于最优秀头脑中的脱离背景的观点并非是我通过有效传播理论所表达的意思。

假如沟渠还未设计好,那挖它们会怎样呢? 自发的行动是相当危险的。Jack Welch 在 1981 年到 2001 年的 20 年间在通用电气公司取得了辉煌的成功,这可以作为为什么我们应该谨慎地从拥有未经概念化理论的人那里借用观点的很好例子。仔细考察他的哲学会发现仅有行动药方所具有的缺陷,特别是假如这些观点传播给那些不具备 Welch 那样鲜明个性的人(特别是传播给那些拥有缺陷理论的强硬派领导者尤其危险)。Welch 说过:"不要去理会那些费劲的、智能化的数字处理和分析吧,领袖们说你必须获得正确的策略……在现实生活中,策略实际上是非常简单的。你选择总的方向,并且想尽一切办法执行它。"(2005,p. 165)

---

① 美国电影名,2005 年的纪录片,根据《财富》杂志记者 Bethany Mclean 和 Peter Elkind 的同名畅销书改编,该书研究了美国历史上最大的商业丑闻。影片描述了 2001 年安然公司(Enron Corporation)的破产,由此引发的公司几名高管的刑事犯罪,同时还表明安然贸易商卷入了加利福尼亚州电力危机。——译者注

Welch 的核心策略被称作"分化"或者"活力曲线",这种策略每年将员工评为 A、B、C 三类(Welch,2001,p.159)。A 类人是那些"充满热情,并能超前推动工作的人";B 类人是那些"具有良好品质,但缺乏热情的人";C 类人是"不能完成任务的人"。一旦员工被分完类,Welch 就开始运作起来。"A 类人获得加薪的机会应该是 B 类人的两到三倍。B 类人应该视他们每年作出的贡献获得稳定的提升。C 类人必须一无所获。"(p.160)

　　即使管理者并不认为他们雇用了 C 类人,但是仍不得不采用 20—70—10 法则。通常,C 类人每年都会被辞掉。这种策略是否具有长效性呢?当这种 20—70—10 法则被传播时,自动运用它可能会营造一种冒险和信任的氛围吗?或者随着时间的流逝,它会破坏有效的行动吗?我们应该看到,活力曲线并不与六个秘密一致。在我看来这代表了一种传播很广的理论。商业文献中的权威观点确实能传播;只是它们危险地传播着。

　　Boudreau 和 Ramstad(2007,p.13)报道,在 2001 年至 2003 年间"那些规模、努力程度以及成熟程度各异的组织同时采用了 20—70—10 系统"。20—70—10 系统的传播逻辑在于,假如它能为通用电气公司服务,为什么不能为我们服务呢(顺便提及,安然运用了 20—70—10 活力曲线)?以纽约第五大道倒霉的商店经理为例,他前晚在电视上看了对 Welch 的采访后,问了他一个相关问题。正如 Welch 骄傲地描述的:"这位商店经理将我带入一个偏僻的地方,一个楼梯底下,在那里无人能听见我们说话。他解释说他的销售团队由 20 人组成。'Welch 先生,'他问,'我真的必须辞退两人吗?''假如你想拥有第五大道上最优秀的销售员工,你可能要这样做。'"(2001,p.434)

　　拥有理论,并要活学活用!

　　Jack Welch 具备许多优秀的领导品质;但他没有可以传播的理论。我故意选择了一个"成功的"案例——通用电气公司,Welch 用

4000多亿美元建立其市值地位[但要谨防的是,Sheth(2007)将其看做是'巨大的困扰',一种自我毁灭的习惯]——来表明采用成功公司的表面技术将是多么危险。你需要一种比单一技术所能提供的更好的指南;这里没有捷径。

Mintzberg(2004)同样质疑了通用电气公司喜爱的另一项技术——"测验"的长期功效。测验从一位管理人员的介绍开始,他宣布完一个挑战或问题后就离开了。正如Welch所描述的,在接下来的两天或三天里,"老板不会出现,也没有主持者来主持讨论,员工被要求列出问题,并就解决方法进行辩论,并且准备在老板返回时拿出观点"(2001,p.182)。这并非一个坏的想法,但它只是一项缺乏理论支撑的技术。行动学习是好的,但它必须同时具备反思性洞察力,这种洞察力与一种能够引导进一步行动的根本性理论联系在一起。技术就其本身而言只是工具。

Mintzberg承认Welch担心通用电气公司中过多的官僚作风是对的——不愿采取行动——但却对"行动学习"的目的感到疑惑。他敏锐地观察到:"管理者需要更多的行动,或者更多的机会去反思已经采取了足够多的行动吗?换句话说,他们需要提高能力去反思已经采取的行动吗?"(p.227)

Mintzberg给出结论:"学习不是做;它是对做的反思。"(p.228)他还声明:"关于管理,可能存在一些本能性的东西,但是它也必须通过学习,不仅仅是通过实践,而且也能够在实践的时候获得概念性的理解。"(p.200,强调为原文所有)六个秘密正好与行动中的反思相呼应。现在我们正愈益接近那种将要传播的理论。

一个大大的警告

在掌握真正的理论之前,我们忽略了一个警告:世界变得越来越复杂,以至于任何理论都不再是确定性的了。永远不会有蓝图或银弹①。决不要只吸收你所读到的(即使是六个秘密)表面价值。Robert Rubin 在克林顿政府度过了八年,他很好地阐释了这点:"一旦你将一个观念内化,即你不能用绝对术语来证明任何事情,生活就更多地与偶然、机遇和权衡相关了。在一个缺乏可证明的真理的世界里,提炼现存可能性的唯一方式就是借助更多的知识和理解。"(2003,p. 57)

假如你想了解复杂性,试着看看 Thomas Homer-Dixon 的《底之上:灾难、创新以及文明的复兴》(The Upside of Down: Catastrophe, Creativity and the Renewal of Civilization, 2006)。Homer-Dixon 描绘了五种"构造压力":人口压力、能源压力、环境压力(土地、水、森林、渔业)、气候压力和经济压力(富人与穷人之间不断扩大的收入差距)。他详细说明了这些压力如何产生导致"同步失败"的倍增效应。我们将在后面的章节中谈论热情、道德目标和幸福,但是现在我能说的是掌握这六个秘密将使领导者置身于一个位置,在此位置上,他将怀有更大的目标和信念去行动,尽管在他头脑中要始终存有这样一种明智的附带条件,即他们必须"依据知识而行动,同时不盲从知识"(Pfeffer & Sutton, 2006, p. 174)。

在本书中,看似很奇怪的是,我为你们提供建议,接着又提醒你们要怀疑它,但那确实正是我在做的。领导者两个最大的失败可能是在迫切需要行动时犹豫不决和面对复杂性时坚守刻板的确定性。在上述任一情形中,领导者都易受银弹的攻击——在一种情形中控制它们,在另一种情形中又欣赏它们。

为什么从即使最成功的案例中也应该谨慎地采纳管理建议,Rosenzweig(2007)为我们提供了许多理由(确切地说有九个)。

---

① 比喻简单通用的解决办法。——译者注

他引用了九种欺骗管理者的商业错觉。最突出的错觉是光环效应，它是一种"依据通常的（回顾性的）印象来推论有关特殊品质的倾向"(p.50)；也即，一旦组织看起来是成功的，人们会将其成功归因到组织中事后被证明了的品质上。正如 Rosenzweig 所证明的，在一个特定的成功组织中，你所确认的每一种品质，都能在另一个成功组织中发现相反的品质（例如，坚守核心事业与寻找新的机会相对）。因此，光环效应让人明白不加批判地采用通用电气公司的活力曲线或测验是不明智的。

依据心理实验，Rosenzweig 证明"无论是外部观察者还是参与者——一旦人们相信结果是好的，他们就倾向于对决策过程（或组织的其他特征）作出积极的归因"(2007, p.34)。换句话说，假如你只是考察已经成功的案例，那么事后的调查研究是令人怀疑的。Rosenzweig 讨论的另一个错觉是将相互关系错当成了因果关系。传统的例子是，一个地区鹳的数量越多，出生率就越高，这其实是一个错误的结论（真正的原因是：过去在农村地区出生率通常比较高，而在农村地区鹳也更常见）。第三个错觉是对事件的单一解释。我目前最喜欢举的一个例子是芬兰有世界上最高的文化水平，却没有国家考试；因此，其他国家应该取消国家考试。没有必要再详述剩下的六个错觉了，但是它们合起来形成了一个清晰的警告，提醒人们注意那些汇编已经成功的组织实践的书籍。Collins 的著作《从优秀到卓越》（我们将在后面再论）遭受了同样的命运；如 Rosenzweig 所言(2007)，"假如你根据结果来选择公司，然后通过进行回顾性的访谈收集数据，并从商业出版社搜集文章，你不可能发现是什么在引领一些公司走向卓越。你不过是从光环效应中抓住了一点光"(p.120)。

从根本上说，Rosenzweig 说的是在一个复杂的世界中，成功是不可预料的，因为消费者的需求是不确定的，竞争者是不可预料的，技术在不断地变化，还有许多其他一些难以预料的事情。管理者并非要在商业文献中寻找确定性,相反"他们最好要明白商业成功是相对的,而不是绝对的,并且竞争优势需要计量好风险。要明白很少有公司能获得持久的成功,而那些持续成功者是将几个短期的成功放在一起,而不是有意识地去追求持续的卓越"(2007,p.158)。

我建议在好的理论的指导下行动,因为理论决不会假定存在绝对的确定性,而且它们在面对未来时是谦逊的。优秀的领导者是那些有思想的管理者,他们运用其行动理论(例如六个秘密)去指导自己的行为,同时对意外的事或指向进一步行动的新数据持开放的态度。

传播的理论

一个有关好的理论传播的例子是进化论——其观点是植物、动物和人类一直在适应不断变化着的环境。进化理论预示并发现,长期的进化有助于不断拓展合作性行为的边界,但并非在所有情形下都如此——例如当环境充满敌意时。检验进化论本身并非我的目的,但是当 Wilson 将进化论运用到动物和人类的各种学习中,包括利他行为和宗教学习时,他证明了一种好的理论能做什么。

另一个有关好的传播理论,并与我们的兴趣点更为接近的例子来自我的好朋友 Michael Barber(2007),他是 Tony Blair 首相执行部的前任领导。Barber 的行动理论包括雄心勃勃的目标、关注的焦点、数据的清晰和透明,以及一种持续的紧迫感。就其具体实施而言,他谈到(1)准确的目标和资源定位;(2)培养新能力的动机,特别是与那些做得不好的人或组织相关的动机;(3)备选供应商;(4)规定所有的供应商收集数据,确定最优的实践,运用它们,并进行追踪;(5)赋权给消费者;(6)检查、检查还是检查正在有效实施的计划。

首相执行部集中精力在以下一些领域取得了显著的成就(Barber,2007,p.50):

健康	心脏病死亡率
	癌症死亡率
	等候名单
	等候次数
	意外事件和紧急事件
教育	11岁时的读写能力和计算能力
	14岁时的数学和英语
	在中学完成五门高级课程的学习
	逃学
内政部	整体罪案及类型分析
	成为受害者的可能性
	对正义的侵犯
运输	道路拥挤
	火车准时

现在,人们需要能够广泛传播的理论已经提上了议事日程!Barber和他的同事——更确切地说,是上述四个领域的领导者和工作人员——在所有领域都取得了进步,有时候是从不足到足够,而有时候是从不足或足够到好。考虑到他们工作的范围和规模——在一个有着6000多万人口的国家中所取得的社会进步的确令人印象深刻。尽管如此,结果也只是足够好,因此正如Barber自己也同意的,他的行动理论需要更多地加以精炼,进行更好地实施。

我并非指的是要采纳Barber的特殊理论,而是要借助这种行动理论来阐明我所要说明的:这种理论很好地扎根于问题应用领域,就策略本身而言是经过详细审查的,当然,还包括这些策略的预期和非预期结果。

现在,我们可以来看看这六个秘密了。图1.1说明了其结构。

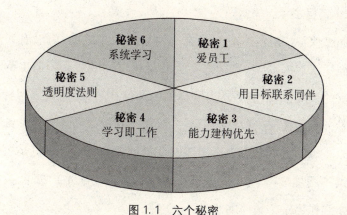

图 1.1 六个秘密

该结构图的基础由五种设想和标准构成。第一,此理论将运用于大规模的改革。目标是要改变整个组织、整个系统。例如,在我自己当前的工作中,这个目标包括改善安大略省整个公立学校系统。第二,该结构图必须作为一个相互作用的结构来理解——六个秘密中的任何一个都依赖于其他五个。第三,它们都颇含深意——也即,需要进行反复多次的思考和应用才能理解其意义和作用。第四,它们需要人们热情地投入,我的意思是此理论发挥作用的一个主要原因是这六个组成部分有助于激励大多数人投入热情和精力,而这些热情和精力是获得结果所需要的——我有时称其为动员百万变革主体。第五,六个秘密中的每一个秘密都代表了一种张力或困境,它意味着你可能在一个方向或另一个方向上犯错——精明的领导者将其保持在动态的张力中。每一个秘密都需要动态的平衡,或者如 Roger Martin 所称的《整合思维》(*The Opposable Mind*)(2007)。例如,你不会在爱员工或顾客之间作出选择;你会采取一种整合的方式来解决问题。在第二个秘密中,你不会强调自上而下或自下而上的策略;你会将二者融合,等等。我将在秘密六进一步讨论整合思维。

现在,我们将简单地介绍这些秘密,然后在接下来的六部分中进行更深入的探讨。

1. 爱员工

如果仅将组织的基础建立在对顾客的关注之上,而没有对员工作出同样认真的承诺,那么你不会取得长久的成功。我们也都看到了相反的情况:组织似乎是为了员工的利益在运行,而将顾客看做是入侵者。上述任何一种做法都不会成功。我将提供强有力的证据来证明以正确的方式投资于员工能够获得巨大的收益。关键是要使员工持续不断地学习,寻找工作的意义,以及员工与员工之间、员工与公司之间作为一个整体的意义。

2. 用目标联系同伴

在公共或私人领域进行的所有大规模改革都会面临我所说的过紧——过松的两难困境。假如你想进行大规模的改革,你最好重视和强化要求;但是假如你要求过分,人们会感觉不舒服,并会反抗。同时,当局者需要赋权。但是假如你将权力和资源移交给参与者——"让一千朵花同时开放"的方式——你会得到不均衡的结果(一千朵花事实上不会开,那些开了的花不会常开不谢!)。我将用充足的具体案例来表明,这种两难困境的解决办法来自上层,但并不直接。它来自那些采取持续的和有目的的同伴互动策略的领导者。同时具备紧—松系统的社会黏合剂将黏合,不是在普通员工爱上领导层——那些上层管理者——的时候,而是当他们爱上同事时。领导者的工作是提供好的方向,同时通过有目的的同伴互动和与结果相联系的学习来达到这一结果。

3. 能力建构优先

能力建构需要领导者关注整个组织或系统单独的及合作的效能的发展,从而获得重大改进。特别指出,能力由新的能力、新的资源(时间、思想、专业知识)以及新的动机组成。许多行动理论运用恐吓和惩罚性的问责制。我始终认为这种做法最多只能取得短期的、不能持久的结果。当遇到复杂变革时,威吓会产生逆反效果。这些方法的反面——非评判主义——并不意味着你无需将事物判定为有效的或无效的。相反它意味着你不会轻率地这样做。从另一方面说，存在着比消极判断更好的方式来慢慢灌输恐惧——例如，联合透明度法则和同伴互动。轻率的判断有其适用的地方，如当某人在辱骂或参与犯罪和欺骗行为时，但是作为激励因素，它们最好有所保留地运用。本书主要的收获都将来源于这六个秘密，但它们中任何一个都不会包含公然的评判主义。

4. 学习即工作

我一个澳大利亚同事写了一篇论文，题目非常奇妙《专业发展：避免变革的伟大之路》(*Professional Development: A Great Way to Avoid Change*, Cole, 2004)。换句话说，非常多的人进入工作坊、参加短期课程，以及诸如此类的，而极少数人在工作中学习。工作之外的学习可能代表一种有用的输入，但是假如学习与你工作的情境不平衡、不一致，这种学习将以日渐肤浅而告终。我将提供证据表明有效的组织是将工作和学会更好地工作看做整体和同一的。

5. 透明度法则

对于透明度，我所意指的是结果清晰而持续地呈现，以及清晰而持续地通往实践（正在做的就是要获得结果）。透明度可能被滥用，例如当结果带有惩罚性时，却没有好的数据来推动持续的透明度，持续的提高决不会发生。当这个秘密与其他五个秘密一起运用时，收益远大于投入。而且，透明度在21世纪这个平的世界里随处可见。当透明度始终明晰时，会产生一种"积极压力"的气氛——这是一种以公平和合理的方式被体验到的压力，是一种能够引起行动并指向问题解决的压力，是一种最终不可避免的压力。

6. 系统学习

系统能够在具有连续性的基础上学习。在行动中，前五个秘密相互作用的结果与系统的自我学习是等价的。两股主要的变革力量被释放了,并得到不断的培育:知识和承诺。人们一直在学习新的事物,并且他们的意义感和动机不断受到激励和深化。正如我们将看到的,学习也意味着在面对复杂性时所持有的谦逊态度。

运用好的理论

15　　你能运用六个秘密直接指导和监控你的领导行为和组织。或者你能运用它们从商业文献中获得管理建议,正如我从 Jack Welch 和通用电气公司所获得的那样。或者假如你将这些秘密的标准运用于处于全盛时期的组织中,你很快就要担心所面临的事情就如安然一样,它在 20 世纪 90 年代连续六年被《财富》(*Fortune*)杂志称为最具创新性的公司。是的,我面临着成为光环效应(或者可能是魔鬼的尖角效应①)受害者的危险——一旦我知道结果就找到了归因——但是安然的领导者不是团体行动者,他们既不重视员工,又不重视顾客。真是自食其果!

你也能运用六个秘密来助长坏习惯的滋生,例如 Sheth 所概述的优秀公司七个自我毁灭的习惯(2007):否定、骄傲、满足、能力依赖、竞争短视、痴迷规模和拉帮结派。这些习惯也出现在 Digital、IBM、英特尔、施乐复印机、A&P 和通用汽车等公司中。一旦自我毁灭的习惯形成了,就很难改正,主要是因为它会上瘾。Sheth 给出的直接建议是理性地分析坏习惯。例如,为了打破否定的习惯,他介绍了以下一些措施:寻找它、承认它、评估它,然后改变它。解决情感问题的理性建议可能是无济于事的。相反,Sheth 在他的最后一章表明了鲜明的立场,人们应该一开始就采取措施阻止坏习惯。他有许多与七个

---

① "尖角效应"(horn effect)与"光环效应"(halo effect)相对。"尖角"指的是魔鬼头上的角,代表邪恶。而"光环"则是天使头上的光圈,代表美好。"尖角效应"指的是一个人在某次事件中给主管人员留下了坏印象,从而导致主管人员对其在其他方面的表现也吹毛求疵。"光环效应"则正好相反,一个人因为某次言行或某方面的擅长给大家留下好印象,就被加了光环。——译者注

坏习惯相关的建议,但我的立场是,六个秘密包含内在机制,这些机制可提供积极的检查和平衡,以阻止坏习惯的形成。

好的理论是批判性的,因为它们为你提供了一个抓手,以获得行动及其结果背后的根本原因(事实上的根本思想)。缺乏好的理论,你所能做的就是获得技巧——这些技巧只能触及真理的表面。顺便提及,对上述真相的认识是为什么丰田不介意与人分享其实践的原因之一(Liker,2004)。你能借用或偷到技巧,但是绝对不能借用或偷到哲学或文化。

六个秘密一起构成了一种强有力的理论,有助于你对专家的建议进行分类。它们为你解释商业文献中的观点、情境以及评价建议指明了方向。在《确凿的事实,危险的半真理以及一派胡言》(*Hard Facts, Dangerous Half-Truths and Total Nonsense*)中,Pfeffer 和 Sutton(2006)认为,从外部资源来构思观点时你必须做三件事。(1)你所看到的成功是你试图模仿的实践造成的吗(这与 Rosenzweig 的光环效应相关)?(2)为什么特殊的实践与绩效的提高联系在一起呢?"假如你不能解释那些根本性的逻辑或理论或者为什么某些事情应该提高绩效,那么你可能正在进行盲从式的学习,并且可能正在重复一些不相干的事情甚或是在破坏。"(3)什么是实践的,即使是一种好的实践的下降趋势或不利情形呢?换句话说,拥有好的理论能够引导你的决策和行动。

我建议你们对所有商业书籍所推荐的独特的解决方法进行独立的思考(包括本书的方法)。我自己总是对任何商业(或教育)书籍介绍的确定性的解决方法持批判的眼光。Rosenzweig(2007),以及 Micklethwait 和 Wooldridge 在其略带不逊的著作《企业巫医:对当代管理大师与思想最权威的评述》(*The Witch Doctors: Making Sense of Management Gurus*)(1996)中都强调了这种告诫。

Micklethwait 和 Wooldridge 这样解释道:"管理理论……有四个

缺陷：它在本质上缺乏自我批判的能力；它的术语通常迷惑人，而不是教育人；它几乎很少在常识意义上提出；它风行一时，却又令人苦恼。"(p. 21)

就第一点来说，我已读过数百本管理类书籍，只碰到过三本重要业内人士的著作（Mintzberg, 2004; Pfeffer & Sutton, 2006; 以及 Rosenzweig, 2007），还有一本由圈外人写的——两名来自《经济学家》(Economist) 的社论作者（Micklethwait & Wooldridge, 1996）。

就潮流与矛盾这个问题而言，Micklethwait 和 Wooldridge 引用了一位经理的话："在过去的 18 个月里，我们一直听说利润比税收更重要，质量比利润更重要，人比利润更重要，顾客比自己人更重要，大顾客比小顾客更重要，增长是成功的关键。"(p. 60)

然而，不要相信你所读到的一切，包括管理类书籍，当然也包括六个秘密。读者各自小心（Caveat Lector，它在此不是 Hannibal 的兄弟的意思，而是拉丁语中的"读者注意"）。在这些主张的背后寻找论点和证据。为了理解我的建议的含义，要想得更加深入，根据情境与思想不断地检验并发展自己的行动理论。根据你自己的经验和直觉检验这六个秘密。

谜语：什么时候泄露了的秘密依然是秘密呢？答案：当它极其细致入微时。我们需要更深入地在行动中探究每一个秘密的内容和特殊之处，从而获得它们的意义。这是秘密一至秘密六的任务。

秘密一　爱员工

秘密二　用目标联系同伴

秘密三　能力建构优先

秘密四　学习即工作

秘密五　透明度法则

秘密六　系统学习

秘密一　爱员工

理论可能普遍适用或者更具基础性。为了我们的目标——帮助领导者在复杂时代获得发展——理论需要紧密地贴近行动。秘密一将我们带回到半个世纪前 Douglas McGregor 的通用理论。McGregor（1960）比较了有关人类在工作场所行为的两种动机理论，他称之为 X 理论和 Y 理论。

X 理论的假设

- 一般来说，人们与生俱来就不喜欢工作，假如有可能的话，他（她）总是尽量避免工作。
- 因为不喜欢工作，所以大多数人必须受到控制和威胁才会努力工作。
- 一般来说，人们喜欢受到指挥，不喜欢承担责任，并且对安全的渴望要优先于任何其他事情，这是很明显的。

Y 理论的假设

- 假如工作令人满意，那么员工就会忠于组织。
- 一般来说，在适当的条件下，人们不仅学着承担责任，而且是去寻找责任。
- 大量的员工习惯运用想象、创造性和灵活性来解决工作中的问题。

我们再来看看 Frederick Taylor，差不多一个世纪前，他在其《科学管理原理》（*Principles of Scientific Management*，1911/2007）中

对X理论表示了支持。根据Taylor对钢铁工业的研究,工作任务能够被分解,工人能够为教会以最大效率和最大生产率工作。Taylor(2007)提出了四条科学管理原理:

1. 用基于对任务的科学研究方法替代拇指法则的工作方法。
2. 科学地挑选、培训和培养每个工人,而不是被动地让他们自己培训自己。
3. 与工人合作以保证科学开发的方法能够被采用。
4. 在管理者和工人之间大体相当地分配工作,以便管理者运用科学管理原理来计划工作,而且工人实际上能够执行任务。(p.31)

Taylor证明,例如,一个工人如何在接受优化的抓举和休息的训练之后,搬动的生铁量是原先的四倍(顺便提及,六个秘密实际上整合了X理论和Y理论甚至Taylor原理,但是我们正在超越自我)。现在我们暂不谈Taylor,而回到他有关精密度和特异性的更现代的概念上来。我们将发现,沿袭传统和寻求改进这两者之间是相容的。

Taylor讨论了管理者和工人之间的关系,这抵及了秘密一的核心。在这里我们需要更详细地讨论员工和顾客之间的关系,以及管理者如何构想这种关系。举一个看似更直接的教育方面的例子:孩子应该居第一位。秘密一揭示了这一片面结论的虚假之处。

在美国吹响重要教育号角的是《不让一个孩子掉队》的法令。在英国是《每一个孩子都重要》。在纽约市是《孩子第一》,其报告的头两句是:"我们将这项计划称为孩子第一,并且我们决定这样做。我们的目标是将我们所做的一切聚焦于唯一要紧的结果:学生的成功。"(纽约市教育局,2007,p.1)

我将自己的工作集中在树立新标杆、缩小所有孩子之间成就差距的道德律令上,因此我是这些政策所表达的观点的支持者之一。

但是有一个问题：秘密一告诉我，孩子第一的立场具有误导性，是不全面的。

McKinsey 和 Company 发表了一份新的报告，其中心思想是世界上最出色的学校系统提供了为什么我们必须将员工（在这个案例中是教师）看得和顾客（孩子和父母）一样重要的核心理由："教育系统的质量不可能超越其教师的质量。"(Barber & Moursched, 2007, p. 8) 我将举两个例子来说明即使是最优秀的学校管理者也可能会忽视秘密一的细微之处，破坏它微妙的平衡，产生紊乱。Gerry House 从 1992 年至 2000 年担任田纳西州孟斐斯市学区的督学。孟斐斯市地区有 110000 名学生和 161 所学校。每三个儿童中就有一个生活在贫困之中。这位督学的教育理论是在这个地区的学校中选择七所学校采用所谓的整体学校改革模式，这种模式由一个国家机构发起。

到 1998 年，161 所学校中有 75 所加入，有更多的学校正在加入。House 获得了 1999 年度国家督学奖。然而不到一年她就辞去了职务。出了什么问题呢？答案正是秘密一。一个外部研究团队在 1998 年的一份报告中作出预言："教师和校长疲惫不堪，并感到不受尊重。"（引自 Franceschini, 2002）督学 House 处在 1999 年争论的风口浪尖之上，她对教师抗议性的言论回应道："城市学校落后的分数不会给胆怯留下任何回旋余地。"（无论何时当你听到管理者总是说工作不能胆怯、退却时，这就是秘密一没有被理解的一个明确信号）

一个相似的例子与另一位优秀的学校督学 Tony Alvarado 有关，他是纽约市第 2 辖区一位非常成功的领导者，于 1997 年成为圣地亚哥联合学区的教学校长（向首席督学 Alan Bersin 进行汇报）。出于道义的考虑，Alvarado 和 Bersin 急切地希望提高圣地亚哥学校学生较低的成绩，其实他们也一贯如此。上层的强硬推动遭到工会和部分教师的抵抗。Alvarado 在 2002 年被要求辞职，Bersin 在 2005 年初被学校董事会取代。事情是很复杂的（参见 Hubbard, Mehan & Stein,

2006),但我的观点是,Bersin 和 Alvarado 从未领悟如何像爱他们的顾客(学生和父母)一样爱他们的员工。是的,假如你必须在两者中作出选择,而你选择爱顾客,我认为这注定是要失败的。

Carl Cohn 取代 Bersin 成为了督学,他公开不采纳 Bersin-Alvarado 的方法,并写了一篇文章发表在国家刊物《教育周刊》(*Education Week*)上,题目为《赋权给下级胜过自上而下的惩罚》(*Empowering Those at the Bottom Beats Punishing Them from the Top*)(2007)。这是秘密三的隐秘之处,但不是细微之处;不仅不要惩罚他们,而且还要对他们与结果相连的能力建构进行投资。

其实秘密一不只是关心员工。它也关心如何才能获得结果。它关心产生显著结果的合理策略。你爱员工的方式之一是为他们创造达到成功的条件。这种观念与 George Bernard Shaw 的观察联系紧密:"卖花姑娘与淑女之间的差异不是她的言谈举止,而是她受到怎样的对待。"这是纯粹的 Y 理论。但是,还不仅止于此。它正在帮助所有的员工寻找意义,促进技能发展,以及提高个人在作出贡献时的满意度,并同时实现个人和组织的目标(顾客的需求涵盖在成绩这一术语中)。假如这种满意度达成并非同时为了员工和顾客,秘密一就没有真正发挥作用。在运用秘密一时,你能拥有 Y 理论,同时吸纳 X 理论。

行动中的秘密一

我衡量传播理论的标准之一是它们有助于我们认清世界的意义,同时又以一种好的方式指导行动。对秘密一的检验在于是否有证据证明爱员工和爱顾客能够做到大体相当,从而使每一个人都能受惠。我已经提出一种观点,即一者脱离另一者是有缺陷的,但是将二者联系在一起又如何呢,有什么证据表明其结果是有益的呢?

我在一本书名比较可爱的书——《友爱的企业》(Firms of Endearment, Sisodia, Wolfe & Sheth, 2007)中找到了可靠的证据。这本书建立在与所列举的公司相关的证据之上,这个事实很有帮助。正如Sisodia等人所言,友爱的企业(FoEs)与利益相关者(顾客、员工、投资者、伙伴和社会)紧密联系在一起。当这些作者在书的开始宣称所有利益相关者都同等重要时,他们抓住了秘密一的核心。友爱的企业创造了情感价值、经验价值、社会价值以及财富价值。这些作者说,顾客"想得到关爱,假如他们没有得到,他们会满足于价格和便利"(p.5)。我们会很快获得这些公司的全部名单,但是现在让我们来看看沃尔玛(不在友爱的企业之列)和塔吉特百货公司(一家友爱的企业)。沃尔玛只是将员工当做工具,给他们较低的工资和较少的便利。顾客可能会在行为上忠于一个公司,但不必在态度上表示忠诚:他们会因为价格低廉经常光顾商店,但是没有情感的依附,因此对商店没有长期的承诺。任何看重质量、对顾客很好的竞争者,正如我们将看到的,从长远来看,将会比其他公司做得更好。正如Sisodia等人指出的:"受逻辑控制的'左脑'告诉你应该在沃尔玛购物,这样你可以节省一些钱。然而,受情感控制的右脑不喜欢这些经验。整合两边大脑是塔吉特成功的秘诀之一,其顾客在享受低价格的同时,也能获得一种愉悦的体验,以及在沃尔玛无法购买到的更流行的商品。"(p.5)

假如你想了解底线,思考一下下述情况,沃尔玛的股票停滞了五年,而相反塔吉特的股票却上涨了几乎150%。

没有理解秘密一的公司不会与那些理解了的公司一样兴盛。我已经预言过通用电气公司会因为它强硬的方式而遭遇麻烦。通用电气公司曾经以其注重实效、脚踏实地的管理及其收入提高的纪录而著名(Sisodia等人,p.8)。但通用电气公司的股票在过去五年下降了40%。我们可以通过比较两个意欲取代Welch地位的竞争对手来探寻原因。Jeff Immelt 被任命为 CEO，其实他更是友爱企业的一名领导者，并试图依据这些底线重建通用电气公司。《纽约时报》（*New York Times*）评论道，相比于 Welch 先生，Immelt 是"一位更冷静、更谦逊、更保守的首席执行官"（*Is GE too big for its own good?*，2007，p. B1），并引用了 Immelt 的话："我们必须重新赢得投资者的尊敬。"

Sisodia 等人（2007）也引用了 Immelt 的话：

> 人们为通用电气公司工作的理由是他们想获得自身之外的一些东西。他们想努力工作，想获得提升，想获得定价定额购股权。但是他们也想为一个有所作为的公司工作，一个正在世界上从事伟大事业的公司。优秀的领导者会有所回馈。我们所处的时代属于那些相信自己，但是也关注他人需要的人……世界变了。今天的商业不值得羡慕。规模不值得尊重。富人和穷人之间的差距前所未有地拉大了。现在是时候借助我们的平台成为一个优秀公民了。因为这不仅是一件要做的好事，而且是一种当务之急。(pp. 31—32)

通用电气公司的高级行政人员中输给 Immelt 的还有 Robert Nardelli——其风格更符合 Welch（人称"小 Jack"）领导下的通用电气公司的传统。接着，Nardelli 很快在 2000 年 12 月被任命为家得宝的 CEO。他使生产流水线化，并集中供货订单，这种做法使公司销售翻番，收入从 2000 年的 450.7 亿美元上升到 2005 年的 810.5 亿美元（顺便提及，相比于家得宝以前有过的经历——从 1979 年到 2001 年，公司的规模主要通过扩张，每四年就扩大一倍，这算是比较慢的增长率）。但 Nardelli 的做法又错误地滑向了太紧的极端。随着员工和顾客开始不满他强硬的、结果驱动的管理，公司的股价最终停滞了，裂痕逐渐显现。Nardelli 在 2007 年 1 月 3 日突然辞职，辞职费高达 2 亿 1000 万美元，这进一步疏远了利益相关者。2007 年 8 月 5 日，正当我写此章时，Nardelli 被任命为克莱斯勒的主席和 CEO。克莱斯勒要当心了，除非 Nardelli 从其在家得宝的经历中更多地了解了秘密一（极具讽刺意味的是,商业领袖 Ram Charan 不吝其辞地用了十页纸来赞美 Nardelli 在家得宝的领导,赞美他"重新创造了一个完整的社会系统"。读者要小心!)。

我意识到这种分析具有一种风险,即把一个公司的跌宕起伏主要归为 CEO。事实上,正如我最终将要得出的结论,这是整个组织的文化在起作用,这种文化由 CEO 营造,但由组织中的各级领导者体现。

Sisodia 等人(2007)并没有通过评估公司的财务绩效来开始选择(换句话说,他们通过推迟考虑成功问题而避免了光环效应)。相反,在第一个阶段,他们试图以符合其"人文绩效"的标准来选择公司——即他们寻找那些对五种利益相关者(顾客、员工、投资者、伙伴、社会)予以同等关注的公司。接着,他们进行初步的筛选(阶段二),对通过筛选的公司进行深度分析(阶段三),接着最后敲定友爱企业(阶段四)。以下是筛选后的 28 家公司(p.16):

亚马逊	易趣	强生	西南航空
宝马	谷歌	星巴克	乔氏贸易
卡玛斯	哈雷·戴维森	乔丹家居	优比速
天柏伦	卡特比勒	丰田	全食
商业银行	本田	里昂·比恩	
康内仓储	IDEO	新百伦	
宜家家居	巴塔哥尼亚	韦格曼斯	
好市多	捷蓝航空	REI	

现在我们可以往回看看。什么是绝对的且与其竞争对手相关的公司财务绩效呢?这些公司曾经代表什么,又将如何才能获得那些结果?首先,让我们来看看财务分析的结果。通过分析 S&P 500 从 1996 年到 2006 年过去十年间的成绩发现,"友爱企业在过去十年,普遍给予投资者的回报是 1026%……而 S&P 500 的回报是 122%;比

率超过8∶1！(Sisodia等，2007，p. iv；强调为原文所有)。

Sisodia和他的同事接下来对Jim Collins的11家从优秀到卓越(2001)的公司(雅培、电路城、范妮梅、吉列、金佰利-克拉克、克罗格、纽柯、菲利普·莫里斯、必能宝、沃尔格林和富国银行)作了直接对比：

- 十年间，友爱企业比十家从优秀到卓越的公司做得更好：1026%的回报率对331%的回报率(3∶1的比率)。
- 五年间，友爱企业的回报率是128%，从优秀到卓越的公司是77%(1.7∶1的比率)。
- 三年间，友爱企业的回报率与从优秀到卓越的公司相当：73%与75%。

11家从优秀到卓越的公司没有一家像友爱企业(尽管吉列比较接近)那样做了筛选。换句话说，没有一家从优秀到卓越的公司符合"人文绩效"标准。

简言之，秘密一关注的是公司中每个人都能参与到超越底线的有意义的追求中去。对友爱企业文化所作的许多细致分析滋养了随后的几个秘密，我将在适当的时候将它们联系起来。但是现在让我们来看看食品工业中的一组比较：全食，艾伯森，克罗格(从优秀到卓越公司之一)，西夫韦，好市多和沃尔玛。全食的独立宣言声称，在其他事情中，"满足所有利益相关者以及达到标准是我们的目标。全食的领导者最重要的职责之一是确定各类利益相关者的利益、期望和需求保持平衡。我们承认这是一个动态的过程。需要所有利益相关者的参与和交流"(Sisodia等人，2007，p. 128)。

全食三年来为投资者带来了185%的回报率，五年带来了400%的回报率，而S&P 500只提高了13%。克罗格从1999年到2006年丧失了一半多的价值，股价大约是其1999年价值的45%。

另一个谜语是：友爱企业如何能在劳动力成本总体较低的情况下提供较高的工资，并为员工提供更好的补偿呢？答案是：它们的周转周期较短（从资金上说是有益的）和具有更高的生产效率。

好市多、韦格曼斯和乔氏贸易是这方面的典型：

> 它们为员工提供了优厚的工资，并为其顾客提供了具有竞争力的价格——而且还创造了良好的收益。这些公司所支付的较高工资和福利并没有体现在顾客支付的价格中。在某种程度上，能力强的员工具有较高的生产力和较低的流动率能够解释这点。而且，因为员工更关注通过自身不断的努力为公司创造更多的利润，所以他们的成长过程也得到了不断的改善。最终，在令人满意的员工与顾客的忠诚之间建立起联系就毫无疑问了。通常，这些公司和友爱企业通过更多关心的分享而达到利益分享，这点比其行业的惯例做得更好。比如炼金术。较高的工资和福利转化成了较低的运营成本！（Sisodia 等人，2007，p.243）

其他商业研究者对友爱企业进行的深度案例研究证实了 Sisodia 等人的发现。Gittell（2003）对西南航空公司所作的研究就是一个很好的例子。航空领域一直存在着跌宕起伏——燃油成本危机，"9/11"及其后果——西南航空持续 33 年保持了利润增长，并且从未裁员。在所有方面——每英里旅客量的成本、飞机的生产率（消耗的小时）以及劳动生产率——西南航空一向比美国航空、大陆航空、达美商务航空公司、西北航空、联合航空和全美航空公司做得好。Gittell 将西南航空公司的"秘密元素"（她这样称呼它）确认为"它在管理者、员工、联盟和厂商之间建立和维持良好关系的能力"（p. xi）。她描述了西南航空公司十种相互作用的实践，它们可构建良好的关系，这正好符合六个秘密：以信任和关心为主的领导，对一线领导者的投资，依据相应的能力雇用和留住员工，运用冲突来建立关系，在工作与家庭之间架起桥梁，设置边界，全面评估绩效，保持边界工作的灵活性，联合同伴，与供应商建立关系（p.55）。

丰田是 Sisodia 等人提到的另一家友爱企业，一直都有详细的记录(Liker, 2004; Liker & Meier, 2007)。我将在其他几章来讨论丰田，这家公司对员工的投入及其对 Y 理论(精确度)和 X 理论(激励员工)的整合显然可以作为正在发挥作用的这些秘密的主要例子。

一项对加拿大"最佳管理公司"的研究包含了许多相同的主题(Grnak, Hughes & Hunter, 2006)。具有这些特征的公司是梅多克酒业、斯平玛斯特、波士顿披萨(与波士顿无关——由埃德蒙特的两个希腊移民建立，他们认为波士顿听起来有些世俗)、伊利斯顿、哈利·罗森、阿莫尔交通系统、米地格夫互动技术、PCL 建筑公司、太阳马戏团和国家租赁。所有这些公司的成功在吸引和投资于高绩效的员工方面被预言到了，这些员工通过创新提供优质服务，并对同伴、顾客和公司自身作出承诺。

知道秘密—随后又失去它的公司的一个早期例子是施乐。Joe Wilson，施乐的创立者，是一个自发按照秘密—行动的领导者的典型，从而在 20 世纪 60 年代改变了影印世界(Ellis, 2006)。Wilson 将一家 20 世纪 40 年代后期被称为 Haloid 的毫无经验的公司发展成为施乐。Haloid 在 1958 年更名为 Haloid-Xerox，不久之后就被更名为施乐。到 1965 年，施乐的收入超过 5 亿美元；在十年之内，成为世界领先的影印公司(现在我们还有多少人通常会将"Xeroxing"称作复印呢？)。Wilson 1971 年逝世，他在其钱包中放了一张小卡片，上面写着："通过创造一种富足的家庭生活，通过一种能够带给工人快乐的商业领导，成为一个完整的人，获得宁静，为顾客提供好的服务，并为其所有者带来繁荣；帮助一个受到自相残杀分裂威胁的社会获得统一。"(引自 Ellis, p. ix)这是最初的友爱企业！Wilson 的情感，虽然在 20 世纪 60 年代的商业世界并不受欢迎，但却在那个时代帮助和支持他经过多年的奋斗创立了施乐。

Ellis 评论道："一般的评论者可能会赞美 Wilson 取得的不同寻

常的经济成功,然而,他作为一位领导者和管理者的真正成就在于他所采取的严格的财政纪律,他对开发新技术的关注,以及在经历多年不景气之后,他在确保组织实现愿景并顺利度过周密的转型变革所具有的不确定时所表现出来的非凡才能。"(2006,p. 80)

回到1948年,当Wilson向Haloid的员工演讲时,他说道:"我们希望你以Haloid为骄傲。我们希望工作能够激励你,使你感到自己是一个有尊严的人,是从事一项有价值的创造性事业的一分子。我们希望你在这里享受工作,并为工作感到骄傲……(我们希望)创造一种组织士气,为他人所羡慕……Haloid将成为我们国家所需要的一种商业范式。"(引自Ellis,2006,p. 10)

Wilson明白,经济回报是重要的,但相对于"传递给顾客与社会,且与广大员工的职业满足感、自我实现相联系的价值"来说则是次要的(Ellis,2006,p. 237)。1968年,Wilson从CEO位子上退了下来,他获得成功的秘密并没被后继者延续下去。施乐在接下来的20年或更多年里开始走下坡路,只是在世纪之交才重新回到正轨上来。

在公共领域,假如员工不比顾客更重要的话,那么二者应该是同等重要的。当2003年10月新当选的自由党政府开始掌权时,我有机会作为Dalton McGuinty省长的特别教育顾问(我现在仍在职,因为政府已经获得了下一个四年的连任,从2007年到2011年)与他一起工作,他允许我们通过改善安大略省教育系统而继续在行动中寻找这六个秘密。在过去的四年里,我们设计并实施了一项策略,极大地改善了已成惯例的公立学校系统。从1998年到2003年的五年间,安大略省的学生在阅读、写作和数学方面获得的成绩基本持平。在同一时期,政府成员和教学专业人员之间相互诋毁、互不尊重。我们新的政策建立在尊重教学专业和专注教师发展的坚定承诺之上,并对结果给予同等关注。换句话说,我们尊重员工,也尊重顾客。从2004年到2007年,三年级和六年级学生的读写能力和计算能力有了稳步提高,正如独立省直机构(教育质量和绩效办公室)所评价的,在整个系统中,阅读、写作和数学大约提高了10%或者更多。要使安大略省教育系统变得更好,仍然有许多工作要做,因此我们有必要进一步深化六个秘密理论,并坚持运用它们。

对于秘密一在安大略省的影响,我们有两个间接指标。新教师在头三年中离开这个行业的人数在下降——在2003年到2006年间,教师在其教学的头三年离开教职(2003年毕业的人数是7000)的百分比是7.5%,在20世纪90年代是在22%和33%之间波动(基于三年的数量样本;McIntyre,2006)。另一方面,教师在第一次机会(一般在55岁)拿全部退休金退休的人数一直在下降。在2006年,相比于20世纪90年代,在这个阶段退休的人数大约要少1500人。我们无法直接计算新老教师致力于改善公立学校系统的相似动机所产生的影响,但毫无疑问的是,这个系统是更健康、更具有生产效率的。秘密一在发挥作用。

秘密一的前景

首先,经证明,秘密一比其简单的字面意思更加无所不包。是的,它是关于员工和顾客以及他们之间的共生关系的。但是它也包括其他三个部分,正如 Sisodia 等人(2007)、Joe Wilson 和其他人所指出的:投资者或利益相关者,合伙人(供应商、零售商,甚至竞争者)和社会。当研究这六个秘密时,我们会更清楚地看到,五个利益相关群体和他们的繁荣是紧密相连的。然而,我不会改变这个秘密的措辞——关爱并为一种高质量的目标而投资于员工是成功的基础。

其次,我相信秘密一的深层意义在于让你在包含员工重要性的肤浅意见的管理类书籍与那些提出更深刻意见的书籍之间作出区分。前者如《内在的品牌:使雇员心系业务的八个要素》(*Brand from* the Inside：Eight Essentials to Emotionally Connect Your Employees to Your Business，Sartain & Schumann，2006)和《员工成长：如何为企业打造一流员工》(Growing Great Employees：Turning Ordinary People into Extraordinary Performers，Andersen，2006)之类的书籍。而那些我视作具有紧密联系,且真正平等对待员工、顾客和其他利益相关者的书籍如 Sisodia 等人的《友爱的企业》(Firms of Endearment，2007)，Liker 的《丰田之路》(The Toyota Way，2004，及 Liker & Meier，2007)，以及 Morrell 和 Capparell 对来自于伟大的南极探险家 Ernest Shackleton 爵士(我们在结论处将会提到他)的领导经验所作出的较好的处理(2001)。让我感到极度震惊的是它们被过度工具化了。当 Morrell 和 Capparell 描述 Shackleton 的行动时,这样评论到"Shackleton 总是将其全体人员的福利放在第一位"(p. 37),你应从内心深处认同这一点——在认知和情感上。至少我的理论是这样告诉我的。

秘密一在 Sirota、Mischkind 和 Meltzer 对《热情的员工》(The Enthusiastic Employee)的全面研究中得到了确证。经过多年对数百万员工的研究之后,Sirota 等人证明了三个因素在激励员工方面所具有的力量——公正对待、促进成功以及友情。他们表示,当员工体验到这三个因素时,他们变得更乐意从事工作,更重视为顾客提供服务,同时利润也上升了。在他们调查的所有组织中只有 13.8% 被认为拥有"热情的员工"(75% 的员工认为公司在这三个维度方面都做得很好)。秘密一让我们感谢 Sirota 等人的发现,但是这六个秘密在总体上指向什么并不明确。友情确实触及了我们的秘密二(将同伴与目标相连),但是我们在 Sirota 的著作里很少看到更为常见的透明度、能力建构和领导力培养。对于什么是成为一个优秀组织所必需的,我们的认识并不完整。

第三,秘密一可能是基础秘密,但是在任何情况下,这六个秘密都是紧密相连的,在某些情况下是相互重叠的,因此,同样的行动能够同时增进几个秘密。这六个秘密能增强彼此,并且,当你开始获得多重回报时,运用这些秘密就变得更容易了。

在一个巨大的系统中,最令人烦恼的一个问题与对凝聚力的需要相关,否则会出现几个松散的组成部分。什么是适当的黏合剂?你如何应对过紧—过松的、令大多数大型组织感到苦恼的两难困境呢?秘密二提供了答案。

秘密一　爱员工

秘密二　用目标联系同伴

秘密三　能力建构优先

秘密四　学习即工作

秘密五　透明度法则

秘密六　系统学习

秘密二　用目标联系同伴

大系统面临着一个严重问题,即在一个前所未有的、越来越复杂的、多样的世界里,变得越来越令人困惑的是如何在一个碎片似的环境中获得一定程度的凝聚力和焦点。在前面的章节中,我将其称作过紧—过松的两难困境。用过高的目标和紧迫的责任来凝聚组织,员工会变得被动或者疏远。寻找分散的创造力,员工会变得疏远组织,而且具有惰性。同时获得一种紧—松组织的关键更多地在于有目标的同伴互动,而不是来自科层自上而下的指导。这就是秘密二。其深层意义在于,用目标将同伴联系起来并不意味着削弱来自上层的领导,相反是更多——更多的是一种不同的领导方式。

同伴互动的条件和价值

Thomas Friedman 是另外一位发现了一种传播得很好的理论的分析家(2005),他在世界是平的这一观点基础上阐明了一种结构,由此引发了一股思想潮流。平的世界的条件使得个体和群体能够参与全球合作和竞争。

Friedman 确定有三股力量汇聚在一起创造了各种平行的条件。第一股力量是技术,全球网络"使得现实世界里的多种合作形式成为可能——分享知识和工作,而不用考虑地理、距离,或者在不远的将来,甚至是语言"(2005,p. 126)。第二个因素与以新的方式来从事商业有关,通过这些方式,管理者和自由作家利用新的扁平竞技场来发展"横向合作及价值创造的过程和习惯"(p. 178)。第三个因素是提高以前被排除在这个游戏场外的 30 亿人的参与度——那些在中国、印度、俄罗斯、西欧、拉丁美洲和亚洲的人们。

新的技术、新的合作习惯以及大量新的参与者。当这些无法阻挡的力量被释放出来时,许多事情都会出错。这正是为什么我们需要精通这六个秘密的细微差别的新型领导者的原因:"危机是一件被浪费的可怕事情!"(Paul Romer,引自 Friedman,2005,p. 306)

因此,当前的条件更有利于同伴或平行的互动。带领组织进入全球市场的个体所需要的不只是 Friedman 的隐喻。这不是一本关于全球战略的书,因此我将给读者提出警告并提供一种优质的资源。世界并非真正在差别无关紧要这个意义上是平的。Ghemawat (2007)作了详细的分析,提供了确凿的证据,证明世界事实上是"半球的",因为差别仍然非常依赖目标和行业。他为测量"文化的、行政的、地理的和经济方面的"(p. 34)差距提供了一种有用的 CAGE 距离框架,任何组织,假如它参与或正考虑扩展以进入全球竞技场,都应该将其作为一种策略工具。就我们这里的目标而言,我对组织中的同伴互动和公司中的其他单位或部门里的同伴互动更感兴趣。

我们可以从同伴互动的角色和重要性开始。我喜欢 Wilson 讲述的故事,他是我们从秘密一就开始谈到的进化论的朋友:"据传闻,William James(著名的心理学家)曾经在一次演讲结束后,一位老妇人上来要求和他分享她的理论,她认为地球是由一只巨型龟支撑着。出于礼貌,James 问她这只龟站在什么上面。'第二只更大更远的龟!'她自信地回答。'但是第二只龟又站在什么上面呢?'James 继续问道,希望揭穿她观点的荒谬。老妇人得意地笑着:'不用再问了,James 先生——是绵延不绝的海龟!'"(p. 133)

正如 Wilson 所言,群体是绵延不绝的。在他看来,群体是最重要的,无论是好是坏。而我说,给我一个具有凝聚力和创造性的组织,我将为你展示永不停止的同伴互动。

Wilson 也报道过由一位研究家禽的科学家 William Muir 所做的一个应用性实验。Muir 希望通过选择性的繁殖来提高蛋的产量,并尝试用两种方式进行试验。在现代的鸡蛋生产中,母鸡在笼子中群养(通常是九只左右)。在第一种方式中,Muir从一定数量的笼子中各挑选最具繁殖力的母鸡;在第二种方式中,他从繁殖力最强的笼子中选择所有的母鸡(当然,其中有些母鸡的繁殖力并不如以第一种方式挑选的母鸡旺盛)。经过六轮繁殖之后,Muir报道了他的发现。

首先,他展示了以第一种方式选择的母鸡的第六轮繁殖力的表现:"观众倒抽一口气。笼子里只剩下三只母鸡了,而不是九只,因为其他六只被谋杀了。三只幸存的母鸡在不断的攻击中拔去了彼此的毛,现在几乎都是没毛的了。"(Wilson,2007,p.34)换句话说,繁殖力最强的母鸡通过压制笼中同伴的繁殖力来获得自己的成功。

接下来Muir分享了他以第二种方式选择的母鸡的发现:"笼子中九只鸡都存活了,长得肥胖,都有羽毛……在实验期间,蛋的产量有了急剧提高。通过选择整个群体,(Muir)选择那些没有攻击性而具有合作性特质的母鸡,从而使得母鸡能够和谐共处。"(Wilson,2007,p.34)

人类至少在一个方面明显不同于母鸡:他们能感觉和思考。他们能或好或坏地运用这些能力。这六个秘密包含了好的元素——好的价值、好的结果。当我在这里运用这些术语时,好的价值是指道德目标,努力发展自己,通过个人的工作和生活作出有意义的贡献——一个符合这些秘密的概念,在结论部分将会更明确地谈到。为了满足这一目标,这些被质疑的价值必须在获得结果的行动中实现。

我们很容易识别机体的不良居心,例如攻击性的个体不择手段去获取成功,就像安然的员工们。显然,在群体中工作以及群体本身并不能提供答案,因为群体思维可能具有封闭倾向。群体思维这个术语是Irving Janis(1982)提出的,他这样描述它:"一种思维方式,当人们深深卷入一个具有凝聚力的群体时,当成员共同努力,忽视了在实际中评价行动的备选过程的动机时,往往会运用这种思维方式。"

(引自 Wilson，2007，p. 202)猪湾事件、"挑战者"号空难、希特勒和恐怖主义群体立即蹦入脑海中。群体思维太紧了，纯粹的个人主义又过于松散了。

有目标的同伴互动，或者可能我应该说积极的、有目标的同伴互动，在三个条件下有效地发挥作用：(1)当组织的更大价值与那些个体和群体的价值融合在一起时；(2)当关于有效实践的信息和知识得到广泛而公开地分享时；(3)当调控机制能恰当地觉察并指出无效的行动，同时也能确认并巩固有效的实践时。是的，这些观点都太抽象，将不会得到很好的传播，但是我们能够使之更具体。

在《商业怪杰：创意经营的制胜之道》(Mavericks at Work: Why the Most Original Minds in Business Win)中，Taylor 和 LaBarre(2006)以一种与 Sisodia 等人相似的风格(2007)，通过列举一些公司确定了有效的实践(与六个秘密相似)。那些标新立异的公司寻找一种具有更高要求的观点(你的公司代表什么样的价值？你的公司服务于什么样的目标？)。它们挑选和培养那些能发现意义的人，这些人正在寻找一些有助于自身发展和完善的经验，而且它们运用群体——同伴互动——来变得更聪明，并获得不同寻常的更佳效果。我们又看到了友爱企业——全食超市。这家公司开发出了一种商业模式，"将自由主义政治味道、卖健康食品的承诺、保证富有同情心地对待动物、一种在组织中自上而下分享经济信息和决策权的渴望，以及一种对成长的热望融合在一起"(Taylor & LaBarre, 2006, p. 56)。

正如 Taylor 和 LaBarre 指出的："公司所代表的思想是什么呢？它如何看待市场呢？员工与顾客互动的方式，或者对你企业中最优秀的人而言，与他人合作最常采用的方式是什么呢？"(p. 197)换句话说，秘密二是关于组织如何让同伴参与有目标的互动，在这种互动中，高品质的体验和结果是工作的核心。

本章(社会黏合剂)更想表达的观点是 SEI 在奥克斯、宾夕法尼亚的投资哲学,正如其 CEO——Al West 所表达的:"因为我们所有工作在团队中进行,所以一起工作比管理更重要。当人们在这里没有获得成功时,并不是因为他们的老板,而是因为他们的同伴。那些不会解决问题的人总是在观察老板是否注意他们,总是将他们的努力依赖于上层而不是他们的同事。在这里,你的成功直接取决于你与同事相处得如何……科层的问题在于它需要你提前计划好一切。"(引自 Taylor & LaBarre,2006,pp. 239—240)

在 Surowiecki 的《群体智慧》(The Wisdom of Crowds,2004)中也谈到了有目标的同伴互动的效力。在复杂的、平的世界里,有目标的组织比少数专家要做得好,但是你必须使组织运作起来。必须有一种目标感、克服群体思维、考虑各种观点,以及继续正在进行的实践。

所有这些作者都表明,当问题或条件复杂时——这对今天的商业和公共领域的领导者而言尤为真实——有目标的同伴更有效率。同伴比工作中随机的个体的效率更高,也比处于上层管理层的、仅靠自己来制定战略计划的管理者更有效率。

我和其他人充分地运用秘密二,以使系统在面对复杂挑战时得以维持下去。在 1997—2001 年间,英国在提高全国的读写能力和计算能力取得初步成功之后,又将这种结果稳定地保持了三年。一个使学校领导突破稳定期的策略体现在一项小学行动中。政府资助了 1500 个小组,每个小组包括六所学校,让它们相互学习如何提高读写能力。这几乎覆盖了全国近一半的小学。这种策略让所有参与者都运用了群体智慧。它有共同的目标(提高全国的读写能力);有好的理念(产生于 1997—2001 年间的能力建构激发了它们);它运用同伴互动去影响有效实践的传播。

将同伴互动作为社会的和智力上的黏合剂在合作性组织中能找到根源,但是它远不只是合作。我们自己的策略认可并促进学校内的合作,在学校里教师互相学习——一些研究者将其称作专业学习共同体——但是现在我们采取了一些行动,让学校在行动中互相学习(如当学校共同工作时或者当城市学校结对时)。我们甚至采取了一些措施来让学区互相学习。我们将这称之为横向的能力建构,世界范围内采取这种方式的个案数量正在逐渐增长。

在安大略省,读写与计算秘书处已经确立了两个具有很强说服力的横向能力建构的例子。一个是安大略省重点干预合作处,在其中大约有1100所成绩较低和没有提高的小学(总数4000所)获得了资源和帮助,从而达到改善的目的。我们这样做的时候,并没有学校感觉受到了侮辱(六个秘密在行动中取得的又一个有益的结果)。

同样,秘书处创建了一个由23个学区组成的网络(5个学区正在获得正向的新结果,18个学区没有进步),让它们联动,最终实现全体的进步。23个学区的所有领导都是自愿加入这个网络的。在回应反对者认为因为有竞争而组织不会合作的观点时,我们发现"恶性"竞争(你失败,我赢)再次被"良性"竞争取代了(我们如何全都变得更好,但是我仍然希望尽我所能地获得提高——友好地竞争)。

你看过埃森哲拍的Tiger Woods的广告吗?这些广告用不同的标题描绘了他在不同高尔夫场景中各种富有魅力的挥杆姿势。最后算来,这些广告有15则,所有这些广告都与这本书的主题有关。每一则广告之前都有一句话"我们知道如何才能成为Tiger",接着用一个标题描述了高尔夫球场的情境,这个标题标明了一个百分比的分配细目。最适合组织中有目标的同伴互动的标记行是:"超越竞争对手:49%。超越自我:51%。"通过有目标的同伴互动,人们互相联系在一起可以超越自己与自己过去的成绩。我们将在随后的章节中多次讨论这些广告(并设计一则我们自己的广告)。

我们—我们的解决方案

忽略秘密二的深层意义是很容易的。同伴互动必须有目标,并且必须以高水平的知识和技能为特征(秘密四)。领导者必须提供方向,为有效的同伴互动创设条件,并当事情进展得不太顺利时进行干预。

在秘密二介绍的例子中有三件事正在发生。第一,所有的利益相关者正汇聚在一个更远大的目标周围,这个目标对个体和集体都具有意义。Taylor 和 LaBarre(2006)在谈论标新立异的公司时说道:"那些真正了解是什么使员工工作的公司,也会让员工真正了解是什么使公司自身运行。"(p. 243)

第二,当人们追求和不断学习什么运行得最好时,知识开始流动。当我们采用秘密三(能力建构优先)和秘密四(学习即工作)时,这个特征将会变得特别清晰。这两个组成部分能分别有效地提供使群体变得更明智的内容和实质。知识的不断发展和流动是使工作聚焦于有效实践的智力透镜。

第三,找到一个比自己大的实体可以发展自己,并产生有影响力的结果。更大范围的认同和承诺是大型组织产生凝聚力的社会黏合剂。我们可以用教育中的组成要素作为例子。当学校里的教师合作时,他们开始不仅是考虑"我的班级",还会考虑"我们的学校"。当学校领导者在学校集体中工作时,他们关心网络中其他学校的成功,就像关心自己的成功一样。当学区领导加入到与其他学区构成的网络时,他们开始对其他学区的成功感兴趣。系统真正被当做一个整体来对待。

采用我们—我们的承诺不是因为人们爱上了科层,而是因为人们爱上了同伴(如果科层正在追求更高的目标和促进同伴的学习,它也会成为一个受益者)。换句话说,因为领导者对员工进行投资,并且这种投资增强了员工对其工作作出的个体和集体承诺,组织变得更有效率。

我并不是天真。公司和学校仅仅关注自身,当然能够在短期内"获胜"(这种方法使 Peter Block 在 1987 年发问:"为什么在一场糟糕的游戏中会获得更好的结果呢?")。在某种激烈的环境中,向他人伸出援手将会是愚蠢的。但是评判我们传播理论合法性的标准是这些:这种理论有助于解释成功的真实情境吗?而且,如果这种理论得到深思熟虑的运用,它在大多数情形下能获得同样的成功吗?我会大声回答"是的",正如我们在 Sisodia 等人的友爱企业(在秘密一中讨论的)中所看到的,正如我们在安大略省的工作中一再经历的。

我已经说过,同伴互动并非自然而然就是好的。进化论告诉我们同伴互动好的一面将占上风,也告诉我们什么时候必须当心(Sober & Wilson, 1998)。接下来,Wilson(2007)研究了青少年中"亲社会"的倾向。他将 17 个项目合并成一个指标;例如,一个问题是"对于未来你所期望的工作,在帮助人们方面有多重要?"他称之为的"高专业水平"的参与者在社会支持、自尊和计划未来方面得分很高。就社会支持而言,高专业水平者"有更多教师关心他们,邻居更可能帮助他们,家庭更有可能避免感情伤害"。在自尊方面,"高专业水平者对未来更充满希望,更积极地追求目标,感觉是一个有价值的人"。就为未来制定计划而言,"高专业水平者放学后在家庭作业上花的时间更多,更多考虑养育孩子,以及为他们提供机会的重要性,相比于低专业水平者,他们更希望遇到困难(他们渴望征服)"(p. 308)。总的来说,"高专业水平者反映他们关注更好;他们不会辜负自己和他人的期望;他们自我感觉良好;他们更快乐,更积极,更具社会性,更乐于参与,更踊跃;他们更容易接受那些重要、困难活动的挑战;他们正在做的事情更有趣,与他们的未来目标也更相关"(p. 312)。

有趣的是，尽管高专业水平者可能经历挫折，但当经历那些挫折时，"他们比低专业水平个体更沉着"（p. 310；强调为原文所有）。Wilson说，少许进化思想就能告诉你们，没有行为在所有环境中都是有益的。成为高专业水平者是非常有益的，"但是只有你处于一种高专业水平的社会环境中才会如此"（p. 312）。这是友爱企业产生那么多利润，包括提高生产率的理由之一。Wilson并没有说这个，但是另一些进化思想将告诉你假如那边有一处丛林——也即，假如亲社会的人们发现他们处于一种消极环境中——他们很快就会取消服务，并抽身而出。

Wilson的研究暗示着领导者应该创造让亲社会者居住的亲社会环境。亲社会者并非被动的不切实际的社会改良家。他们并非简单地附和群体（只有死鱼才会随波逐流，Taylor和LaBarre引自一位受访者的话，2006）。他们致力于完成重要的事情。六个秘密所暗示的建议没有一条意味着要按照字面意义来采纳；你可能想要考虑群体思维的危险，因此一些个体对标新立异者持反对意见是有益的。

进一步说，你应该树立一种高远的目标，根据那些条条框框来雇用能干的雇员，为有目标的同伴互动建立一些聚焦结果的机制，参与其中但又避免微观式管理。换句话说，一旦你创设了适宜的条件，并使过程运转起来，就要信任过程以及参与其中的人。不要在科层和市场之间作抉择——将它们整合起来。让这些秘密确实发挥调控作用：当同伴有目标地互动时，他们自觉建立内部问责制，不需要进行密切的监测，但是要从其他领导者的参与中获益。

秘密二的主题是如何协调过紧—过松的两难困境。建议提供方向但过程要灵活——或者正如埃森哲拍的另一则Tiger Woods广告所阐明的，"灵活，70%；执著，30%"。你们需要有目标的同伴互动的理由是群体（引导了我在秘密三、秘密四的描述风格）能够区分出连贯性和灵活性——紧密性或松散性，它也应该如此。有时候个体单独工作在解决简单问题时更适宜,但是运行良好的群体总是在解决具有挑战性的任务时做得更好,很少有事情会像使系统通过整合自上而下、自下而上以及平行的力量通往未来那样复杂。

通往未来需要整合六个秘密的智慧。当好理论的各组成要素凝聚在一起时,它们能够传播。在这一点上,秘密二和秘密三之间有着紧密的联系。

秘密一　爱员工

秘密二　用目标联系同伴

秘密三　能力建构优先

秘密四　学习即工作

秘密五　透明度法则

秘密六　系统学习

秘密三　能力建构优先

爱员工的另一种方式是精心挑选他们，然后为他们的持续发展进行投资。在秘密三中，我界定了能力建构，说明它如何与评判主义无关，并且指出如何通过选择人才来开始运行。秘密四提出如何运用能力，并在工作中不断发展能力。威吓并非是激励人们的一种好的方式。当涉及复杂任务时，能力建构总是胜过评判主义。

能力建构关注能力、资源和动机。假如个体和群体拥有并继续发展知识和能力的话，假如他们聪明地吸引和运用资源（时间、观点、专业知识和金钱）的话，以及假如他们集中精力，持续地投入到重要事情（不断地学习）上的话，他们将具有较强的能力。在复杂的系统中这是一项艰巨的任务，但这正是所需要的任务。

能力建构胜过评判主义

通过批评、惩罚性的结果，或者我更全面提到的评判主义并不是一种能提高能力的方式。评判主义并非仅将事物看做无法接受的或无效的。假如你为裁员找借口，它就是那样的，但是当评判还伴随着名声的破坏时，评判尤其有害。特别是对一位新任领导者来说，这里的建议是不要过分关注实践达不到你的标准设定的效率。相反，投资于能力建构并暂缓作出短期评判。

加拿大国家报《环球邮报》（Globe and Mail）发表了一篇有关肥胖的社论，题为《威吓是如何适得其反的》。文章认为意图并不重要——假如人们感觉受到了诬蔑，他们就不会产生变革的动力。对肥胖人群的侮辱，甚至是善意的提醒所带来的后果是多样的，且都是消极的，包括自我贬低、易消沉、不良的饮食习惯、不愿锻炼以及精神倦怠。

在生活中的任何领域,威吓都不会产生激励作用。当人们受到惊吓和生气时,他们不会很好地发挥作用(至少不会长久的)。

评判和评判主义之间的区别以一种不同寻常的方式在 William Miller 的著作《林肯的美德》(Lincoln's Virtues, 2002)中进行了表述。林肯对奴隶制进行了大量的、详致的道德思考,他的立场是异常明确的:"假如奴隶制没有错,那么就没有什么是错的了。"这种观点在今天听来没有什么特别之处,但是它在印第安那州和伊利诺伊州——林肯生长和工作的地方,毫无疑问是不正常的,更别提在南方了。他对奴隶制所持有的道德姿态在这里并不是关键;关键在于他如何运用这种姿态去面对问题。他没有运用评判主义。林肯将他的任务构想成"借助政府手段,通过共同努力以实现全社会的目标"(Miller, 2002, p. 105;强调为后来所加)。

在林肯早期对一群狂热的禁酒主义者发表演讲时,他的非评判主义取向就已初见端倪。林肯不饮酒,他提出了"一个真诚朋友的甜蜜劝告式"的建议,而不是道德上的谴责:"假如要左右他的想法,或者支配他的行动,或者给他贴上受排斥和蔑视的标签,他内心就会退却,关闭所有通向他头脑和心灵的道路;尽管你的理由本身可能是明摆着的事实,把它改造成比钢铁还硬的最坚硬的长矛,并且使用巨大无比的力量和非常高的精确度投掷它,你也不能刺穿他,犹如用一根麦秆去刺一只龟的坚硬外壳。"(引自 Miller, 2002, pp. 148—149)

林肯知道将道德信念与威吓式的变革策略联合起来是决不会起任何作用的。林肯说那些与他相同的人和他的听众(坚决不喝酒的人)决不会成为饮酒的受害者,因为他们"由于缺乏食欲所节省的比那些具有智力或道德优越感的人所节省的更多"(p. 150)。那就是非评判主义!

非评判主义是一个变革的秘密,因为它是如此细致入微。你必须坚持一种坚定的道德立场,而不屈服于作为你唯一变革策略的道德优越感。正如 Miller 提出的:"当我们为一些伟大的善或者反对一些大恶努力时,很难不溢出一些对我们而言的善以及对对手而言的恶,同时制造出一种很深的个人道德鸿沟。换句话说,在宣称或为正义之事努力时,要避免以正人君子自居和进行道德的谴责是非常困难的。"(2002,p. 151;强调为原文所有)

1862 年,林肯所作的国会年度总统报告抵及了融合道德目标和变革目标的核心。在谈到奴隶制时,他说道:"我们只有同心协力才能取得成功。不是'我们任何人都能设想得更好',而是'我们所有人都能做得更好'。"(引自 Miller,2002,p. 224;强调为原文所有)除非你能逐一杀掉所有对手,否则你最好有一种更精细的变革策略。

简而言之,坚持一种毫不动摇的道德立场以及对特定问题采取明确的道德原则行动,同时不屈服于顽固的封闭式的评判主义,是非常困难的,但仍然是有必要的。

在组织的日常工作中,我们面对的问题没有奴隶制那么严重。但是不教一个居住在贫民窟的七岁孩子阅读会怎么样呢?当你从一个孩子那里推断并意识到对个体和社会而言的坏结果时,那不是一个很严重的道德问题吗?在所有的社会变革情境中——本书的全部关注点——能力建构将胜过评判主义。评判和能力建构能够联合在一起。相比之下,道德信念和极端的恐惧则是可怕的变革阻碍。

Pfeffer 和 Sutton(2000)指出了五种可以缩小他们称作的"知—行之间差距"的障碍。这些障碍之一是"恐惧阻碍了依据知识行动"的事实。他们发现在那些很难产生和运用知识的组织中具有一种令人恐惧和不信任的氛围。

在当今复杂而不确定的世界里,当人们相信他们不会因冒险而受到惩罚时,问题也就解决了。相反,"当人们担心工作、未来或自尊时,他们可能会因为害怕某人而不去做他们过去不会做的事情"

(Pfeffer & Sutton, 2000, p. 110)。消极的调控不会起作用。在知识和洞察力的基础上进行的冒险对问题的解决是有必要的,但仅依赖定义则迟早会失败。当然,仅说漂亮的空话而不真正支持冒险是不够的。据报道,Samuel Goldwyn 曾说过:"我想要所有人告诉我真相——即使这会使他失去工作。"

Pfeffer 和 Sutton(2000)确定了由恐惧引发的变革的其他两个后果,二者都与我们的秘密相悖。第一个后果是恐惧导致关注短期。自己设置目标和提供经济报酬(无论是在股票市场还是在学校成绩上)在行动理论中是激励人的手段,是的!——激励他们去做错事!操纵数字,让人们尽快去实现首要的短期目标,以及进行彻头彻尾的欺骗就是一些典型后果。

着眼于长期并非意味着你要忽视近期。我的同事和我现在可以对政治领导人说:"运用某些观点作为行动的基础,在任期内(实际上很快),你能够期望学生的成绩取得显著的积极结果。"成功不可能一夜之间来临,但也不是永无尽头的。

丰田的第一条(十四条之一)基本管理原则是"将管理决策建立在长期的哲学基础之上,即使这样须以短期的经济目标为代价"(Liker, 2004, p.71)。我们直接回到秘密一。丰田的信念是一贯的、明确的:"将公司、员工、顾客和社会当做一个整体,为他们做正确的事情。丰田强烈的任务意识和对顾客及员工的承诺是所有其他原则的基石,是大多数公司在试图模仿丰田过程中所缺失的一个元素。"(p.72,强调为原文所有)像所有的友爱公司一样,丰田蓬勃发展、生存了很长一段时间。

Pfeffer 和 Sutton(2000)引用的散布恐惧心理的第二个不利后果是它使个体仅关注自身而不关注集体。再看看进化理论:当环境变得令人讨厌时,人们往往专注于自我保护。管理者醉心于炫耀自己的良好业绩,而责怪别人表现不佳。一位接受 Pfeffer 和 Sutton 访问的部门管理者"在我们的整个对话中,仅关注他个人的成绩,一再强调他应获得的荣誉应比他正在获得的荣誉多的理由。他从不描述他在帮助其他部门管理者时所做的一切,或者描述其他部门管理者在帮助他时所做的一切"(pp. 126—127)。

要注意,恐惧及其后果直接违背了秘密二——积极同伴互动的力量和关联。Pfeffer 在其另一本书中提出了一个带有欺骗性的问题:假如你进入一家医院,要在两间病房中作出选择,你会选择病房 A 还是病房 B? 病房 A 被报道的错误的数量是病房 B 的十倍。但是经过更仔细的观察会发现,病房 B 实际上错误更多,因为它在一种恐惧的氛围中作业,隐瞒错误,并拒绝承认它们。假如你不能从失败中学习,你就没有学习。原谅并且记住,Pfeffer 如是说。

公立教育吸取这些教训经过了一段艰难的时期。即使在《不让一个孩子掉队法》这个带有惩罚性质的教育政策之下,美国的读写能力和计算能力仍远远落后于其他国家。经济合作与发展组织(OECD,它监测着世界上 32 个最富有国家的经济和社会政策)运用备受尊重的和合法的读写和数学成绩测量手段来测量 15 岁的孩子,发现与芬兰、荷兰和加拿大相比,美国居于 22 位,这几个国家都居前五位,且没有惩罚性的评价政策。

你不能仅通过给猪称体重或者吓唬它吃东西来使它长肉。对于组织的或系统的变革,事实上,你必须激励人们去做些事情。当 Pfeffer(2007)谈到城市教育时,言语中充满了讽刺,他将其描述成一座待爬的美国的山:"人们已经开设了非常成功的职业——描述山、测量山、绕山而走、给山照相,等等。迟早,会有人需要真正爬上山。"(p.37)

能力建构,而非评判主义,是一个爬山的秘密。规则是简单的,但难以实施:从清除照片中的瑕疵开始,并通过六个秘密的运用和互动来让压力发挥更多的作用。我们的秘密所产生的压力已有机地融入到了文化之中。当同伴有目标地互动时,他们对他人的期望产生了一种积极的压力,从而实现对群体而言的重要目标。

你如何进行能力建构呢？从吸引人才开始,然后帮助他们在工作中持续发展个人和集体的能力(正如我在第四章中所讨论的)。这并非像它听起来那么明白易懂。

雇用和培养人才

丰田因为在整个组织中的所有员工中确定(这一章)和培养(下一章)人才而获此成绩。我将在下一章中进行更详细的讨论,因为真正令人吃惊的正是丰田持续不断的学习文化。但是丰田公司是从吸引优秀人才开始运行的(因为丰田有一种好的声誉,体现了"优秀的人与其他优秀的人一起工作会变得更优秀"这一思想)。人们想在那里工作的首要理由是:"事实是丰田喜欢从优秀人才开始,因为他们具有成为出色员工的能力。"(Liker & Meier, 2007, p. 18;强调为原文所有)

丰田同样注重精心挑选与培养管理者和教练员。它在训练者身上寻找的品质由学习的意愿和能力、适应性和灵活性、真正的关怀和关注他人、耐性、意志、愿意承担责任、自信和领导力以及质疑的品质构成。

在直接的技能领域,丰田强调观察和分析能力、沟通技巧、注重细节、工作知识以及尊重同事(Liker & Meier, 2007, p. 72)。

成功的商业怪杰也反映在不只依靠文凭来精心挑选人才。在《商业怪杰》(*Mavericks at Work*)里,Taylor 和 LaBrre(2006)发现了一篇非常不错的文章,是 1924 年由一位匿名的商业领导者所写的,题目是《为什么我从不雇用杰出者》,作者在文中声明,"公司的成功并不是通过雇用杰出者获得的,而是通过了解如何从普通人中获取最多而获得"(p. 199;强调为原文所有)。Pfeffer(2007)警告我们要认真

对待面试:"问题在于,在面试中表现出的大多数是长相好、声音甜美以及口头表达敏捷的人。"(p.89)

要记住安然最喜欢炫耀的是它雇用了杰出人才。还要记住繁殖力最强的母鸡笼,在笼子里母鸡互相残杀(第二章)。Taylor 和 LaBarre(2006)谈到 Malcolm Gladwell 在《纽约客》(*New Yorker*)上的评论"天才的神话",问道:"假如聪明人受到过高的评价会怎样呢?"单个的星星并不能构成星空;星空是由系统构成的。

我在这里要说明的是并非要试图消除聪明才智,而是要正确地运用它。智力被高估了,任何阅读过情绪智力的人都知道这点。关键在于智力必须与其他品质结合在一起,而这些品质更难学习,更难洞悉。在《商业怪杰》里,Taylor 和 LaBrre(2006)谈到 Tellme 网站的 Mike McCue 时说得好:"在拥有较高文凭和成为一名优秀的贡献者之间存在差别。McCue 并不只是寻找最敏捷的头脑。他在寻找最合适的头脑。(按照 McCue 的意思,在 Tellme 获得发展的人)'具备一定的谦逊品质。他们知道自己能获得更好的发展;他们向最优秀的人学习。我们寻找那些在其他人才周围能受到启发的人'。"(p.203)

他们也引用另一位独立特行的领导者的观察:"我知道经营得最好的公司不只拥有一种浓厚的合作文化,它们还有一种根深蒂固的招聘文化。他们明白招聘并非某种淹没在人力资源科层机构中的模糊功能。它是商业成功的一种首要驱动力。"(Taylor & LaBarre,2006,p.216)来自星巴克(友爱的企业之一)的 Warner 声明:"我们的目标旨在给予候选者和顾客同等的待遇。"(p.218)又回到了秘密一。

在某些方面,那些熟练掌握秘密三的组织能够扭转局面,并不断地问自己(虚心地,然后是满怀信心地),"为什么优秀的人想在这里工作?"假如他们获得正确的答案,员工也就成了他们最优秀的招聘者。

最成功的公司(正如我借助六个秘密所界定的)已经明白人力资源非常重要以至于不能由一个部门来处理。它们将人力资源作为合作文化的一个核心的、整体性的首要推动力而给予了重新配置和重新定位。这符合所有友爱的公司(Sisodia 等人,2007,就"人力资源的减少"写了整整一章)。它也符合标新立异公司和十家"最佳管理"的加拿大公司(其中之一,太阳马戏团,也在标新立异公司的名单上)。另一个验证性的资源是《超越人力资源:人力资本新科学》(*Beyond HR*: *The New Science of Human Capital*, Boudreau & Ramstad, 2007),尽管我发现这本书有点过于分析性和"技术化"。

在公共领域集中精力吸引人才是相当重要的,但这并没有很好地被跟踪记录。合适的人才在公立学校中能有所作为的明证来源于麦肯锡公司的报道《世界上最优秀的学校系统是如何名列前茅的》(*How the World's Best-Performing School Systems Come out on Top*, Barber & Moursved, 2007)。

麦肯锡小组采访并调查了在 OECD 2003 年运用 PISA 对读写能力和数学评价中居于前十位的"优秀表演者":澳大利亚、比利时、加拿大、英格兰、芬兰、中国香港、日本、荷兰、新西兰和韩国。麦肯锡加上了新加坡,它并没有参与 PISA,但依据其他国际比照,它的成绩优异。这个小组也分析了其他 14 个系统,它们是"明显的提高者"(学区如波士顿,国家如巴林和印度)。这些发现聚焦在一个引人注目的群体上,这个群体具有三套相互关联的政策和实践。

麦肯锡发现这些系统:(1)让更多的优秀人才成为教师;(2)将这些教师培养成更优秀的教学者,对那些成为学校校长的人,将他们培养成忠诚的、有才华的学校领导者;(3)更有效地确保教学者对系统内的所有孩子进行尽可能好的教学,包括在个体、学校或地区表现不佳的情况下进行早期的、有针对性的干预。在这一章里,我们关注的是第一条。

回想稍早提到的麦肯锡报告:"一个教育系统的质量不可能超越其教师的质量。"(Barber & Moursved, 2007, p. 8)又说:"运行得最好的学校系统坚持吸纳能力更强的人进入教学专业，从而培养更优秀的学生。他们通过严格挑选经过教学培训的人，开发出有效的程序来挑选合适的申请者成为教师，并给予良好的（而不是非常好的）起点补偿来做到这点。通过这些最基本的权利来提升这个专业的地位，从而吸引更优秀的候选人。"（p.8）

最上层的执行者以学术成绩为基础，从最优秀的1/3或者更多的大学毕业生中招聘教师（芬兰，10%；新加坡和香港，30%；韩国，令人吃惊的仅为5%）。在芬兰，所有教师——是的，100%——都需要获得硕士学位。所有这些国家都避免仅依靠学历水平招聘人才所带来的缺陷。他们依据"一种全面的高水平的读写能力和计算能力、较强的人际沟通技能、学习的意愿和教学的动机"（p.9）来评价和筛选，还包括让儿童学习的热情。

图示3.1和3.2说明了新加坡和芬兰教师的选聘过程。

CV筛选
● 基础考核：
　—从学术上说，申请者在其同龄人中应该居于前30%
　—申请者应该完成了相应的中学和大学教育
　—申请者必须证明他们热爱孩子和教育

评价测试
● 文化考核：
　—申请者必须具有较高的文化水平
　—证据表明教师的文化水平对成绩的影响超过其他任何可测量的变量

面试
● 态度、能力倾向和个性的考核：
　—由三个经验丰富的中小学校长组成的小组进行
　—可能包括实践测试或活动

在NIE中的调控
● 态度、能力倾向和个性的考核：
　—教师在NIE最初的培训中，得到了指导
　—小部分申请者经证明达不到所需标准则要离开培训

6个申请者中只有1个能成为教师

图示3.1　新加坡：教师的选聘

资料来源：摘自M. Barber和M. Mourshed的《世界上最优秀的学校系统是如何名列前茅的》（*How the World's Best-Performing School Systems Come out on Top*），2007，伦敦：麦肯锡公司（图7，p.17）。经作者许可复制了此图。

国家筛选	● 内在品质的考核：300道多项选择题测试计算能力、读写能力和问题解决能力（从2007年开始；第一轮之前建立在高中水平和其他因素的基础上）
评价测试（大学）	● 全面的学术能力和读写能力的考核： ——考核评价处理信息、批判思维和综合数据的能力 ——申请者在其群体中应居于前20%
面试（大学）	● 教学适应力的考核：通过面试，发现教学动机、学习动机、沟通技巧和情商
群体工作（大学）	● 教学适应力的考核：小组练习和教学演示测试沟通和交际能力
被学校录用	● 在完成教师培训后，候选人被个别学校录用

> 10个申请者只有1个能成为教师

图示 3.2　芬兰：教师的选聘

资料来源：摘自 M. Barber 和 M. Mourshed 的《世界上最优秀的学校系统是如何名列前茅的》(*How the World's Best-Performing School Systems Come out on Top*)，2007，伦敦：麦肯锡公司（图9，p.17）。经作者许可复制了此图。

团体计划	● 在一些学校每周有三天时间花在学徒关系上，与一名经验丰富的校长一起工作 ● 每周有两天时间花在课堂和研讨会上，集中讨论管理技巧和教学领导 ● 参与者在培训期间付给薪水；毕业时他们竞选校长职位
新校长的支持	● 暑期机构：一项五天计划，主要是为校长在学校中的头2—3个星期作准备 ● 辅导：每一位新校长都由一位经验丰富的校长用一套附加技能来进行辅导 ● 对行政问题的重要支持，例如，学校预算 ● 网络会议：每月召开一次成员促进会议 ● 及时召开的会议：按要求，召开针对教师群体的研讨会或成立工作坊，包括具体的问题领域
持续的发展	● 副督导：波士顿要求副督导将他们的大部分时间用来指导校长 ● 组：每个区被分成9个组，每个组有一名小组长。小组长为组内其他校长提供指导和支持，不设置直接的评价或管理角色

图示 3.3　波士顿：培养校长

资料来源：摘自 M. Barber 和 M. Mourshed 的《世界上最优秀的学校系统是如何名列前茅的》(*How the World's Best-Performing School Systems Come out on Top*)，2007，伦敦：麦肯锡公司（图19，p.31）。经作者许可复制了此图。

"我们培训教师和副校长来实施最佳实践;我们培训校长以创造这些实践"

培养新校长的六个月计划

● 从领导执行培训计划中选用的管理和领导课程
● 在学校每周有一天,候选者被派去开发一些具有创新性的方法来解决学校所面临的最棘手问题
● 在群体项目中,候选人作为团队成员工作以开发新的教育方法
● 与外国企业(例如 IBM、惠普、丽思·卡尔顿)合作开展为期两周的海外就业指导,在那里他们参观私营企业的优秀执行者,从而获得一种与众不同的私营企业领导观
● 严格的评价——只有证明具有必要能力的候选人才能被任命为校长

图示 3.4　新加坡:超越最佳实践

资料来源:摘自 M. Barber 和 M. Mourshed 的《世界上最优秀的学校系统是如何名列前茅的》(*How the World's Best-Performing School Systems Come out on Top*),2007,伦敦:麦肯锡公司(图 20,p. 31)。经作者许可复制了此图。

在一些国家,政府开始通过整合精心描绘的营销策略,受更优、更多财政支持的教学培训以及更诱人的起薪来提高教学专业的地位和吸引力。例如,英国仅花了五年的时间,就使教学专业成为年龄在 21 岁到 36 岁的研究生和本科生中最受欢迎的职业。

要高度关注领导者、扫盲教育者和校长的发展。这些系统将我的同事 Ken Leithwood 的研究发现"作为学习的一个影响因子,学校领导者仅处于第二位"(Leithwood、Louis、Anderson & Wahlstrom,2004)当做核心理念。然而,在我自己的研究中,我发现校长不太关注艰难的教学领导实践(Fullan,2006)。正如波士顿和新加坡正在做的,系统需要更进一步发挥校长作为教学领导者的作用,如图 3.3 和 3.4 中所示。

在所有组织中,领导者必须尽力去招募那些适合当前目标的人才——适合在那些因拥有六个秘密而蓬勃发展的组织里工作的人。换句话说,这些组织要寻找那些自身具有才能的个体,而且在系统中也具有才能的人——也即,他们能促进和维持有目标的合作文化的发展。我认同 Pfeffer 和 Sutton 所关注的,即"沉迷于个体的'才能'

对组织的健康而言是危险的"(2006，p. 90)。你为了目标和潜能雇用员工是很好的——在工作中学习的潜能，包括个人的或与他人一起的。"才能并非一成不变的——除非你相信如此。"Pfeffer 和 Sutton 说道(2006，p. 92)。事实上，才能建立在人们的动机和经验之上，"才能建立在一个人如何被管理或被领导的基础上"(p. 92)。

在这一章里，我们看到能力建构而非评判主义的原则运用到了所有系统，无论这些系统是关注变革社会还是它们在社会公共组织和私人组织中的运转。威吓试图走捷径去危害所有人。能力建构从雇用具有潜能的人开始。但是——这是一个非常大的转折——一旦你们已经获得了优秀人才，你最好为他们提供一些好的东西：在他们看见农场之后，你如何让他们留在农场里呢？

这将带我们进入秘密四，探索好的农场是如何经营的。

秘密一　爱员工

秘密二　用目标联系同伴

秘密三　能力建构优先

秘密四　学习即工作

秘密五　透明度法则

秘密六　系统学习

秘密四　学习即工作

记住 Frederick Taylor 和他的科学管理原理,他依据哪一条原理教会一名劳动者如何四次更有效率地举起数吨重的生铁呢？Taylor 的方向是对的,但是他的方法过于书面化,也有违人性（因为是一位工程师,他将此问题当做一个技术问题来解决）。

在深入研究秘密四之前,我们需要了解一些术语。Frederick Taylor 寻找处方。今天我们需要找出并探求精确性。Taylor 想要达到 100% 的效率,但我们需要在一致性和创新之间取得动态平衡。这里是埃森哲拍的另一则 Tiger Woods 的广告:"坚定不移的一致性,50%;心甘情愿地变革,50%。"工作在常规与非常规之间变动,但是我们将在秘密四中看到一致性—创新这个有机体运用到了所有工作中,无论是医生和护士洗手、汽车生产、静脉导管的使用、提高文化水平,还是减少高中辍学率。

秘密四的本质在于组织如何坚定不移地提出核心目标和任务,同时不断地学习如何完善他们正在做的事情。在秘密四中,我们将考虑如何在不同的环境中协调一致性—创新之间的两难。我将通过具体的例子来更准确地说明。接下来,我们会看到组织如何开始确保一致性和创新融入到日常工作文化中。

"学习即工作"背后的秘密在于我们将一贯的成绩（运用我们已经知道的）所需要的准确性与不断改进所需要的新的学习整合起来。再次声明,发挥作用的"整合思维"似乎能够解决相互排斥的问题（Martin, 2007）。

一致性和创新看起来像什么

Atul Gawande(2007)是波士顿布里格姆妇科医院的一名普通外

科医生。他最近出版的一本书《更好》(Better),提供了一些非常好的具体事例来证明组织多么需要坚持不懈、持之以恒地运用他们所知道的,并探索如何改进所做的事情。

我们可以从一项看起来直截了当的任务开始:医生和护士定期洗手。Gawande(2007)报道,每年有200万美国人在医院被感染,有9万人死于感染。然而医院管理者面临的最困难的问题之一是"让临床医生像我一样坚持不懈地做一件可以阻止传染扩散的事:洗手"(p. 14)。医院数据表明"医生和护士洗手的次数通常是应该做的三分之一到一半"(p. 15)。精确度也包括对完美的追求。即使遵守正确的手部卫生保健的比例提高了,在 Gawande 的医院是从40%上升到70%,但感染率还是没有降低——因为没有洗手的30%仍然为继续传递感染留下了大量机会。

正如我们在秘密四中看到的每一个例子,成功的组织致力于进行"所有"众所周知的重要实践。在 Gawande 的医院,做不到"坚持洗手已开始被视作不足"(2007, p. 20)。它开始采取一贯的教育,方便的洗手设施,以及经常随机抽查以监测和改善诸如有规律地洗手这种简单事情的表现。

从荒唐的到崇高的,Gawande 谈到了在战争中处理战士伤口的一致性和创新。他描述了自己在华盛顿沃特·里德军人医疗中心进行的访问,在那里他观察了一个接一个的病例。"这些都是严重的、可怕的损伤。但是,所有的人都被救活了。"(2007, p. 54)

Gawande 说,取得这种显著成就的关键不能归因于新技术或者医生的任何特殊技术。是的,答案正是我们这里的主题:对一致性和创新的追求就建立在当前工作的基础上。"创设一门绩效科学,为了调查和提高他们如何运用目前已掌握的知识和技术,这些医生告诉我,简单的、近乎是平凡的变革带来了巨大的改进。"(2007, p. 56)

这些改善包括让战士穿上凯夫拉尔内衣,教实习医生如何在转移战士之前的第一"黄金时间"处理战士的伤口。

Gawande认为在困难的情况下要有所改善往往需要培养"勤奋"、"正确地做"以及"灵活性"的习惯。并不是在等研究答案(尽管它让不断地获取知识成为必需的事情)。正如Gawande所指出的，"在缺乏确定性时，事实上是我们需要有战斗力的医生……不断地战斗。总是寻找更多你能做的"(2007，p. 159)。这种精神同样贯穿于我的著作《什么东西值得校长去争取》(*What's Worth Fighting for in the Principalship*，Fullan，2008)。

在六个秘密中，Gawande反复引用了一位起领导作用的医疗改革者的话："为了改善医疗，我们需要做两件事：衡量自己，并开放我们正在做的事情。"(2007，p. 214)

我们一次又一次地看到新技术通常并非是产生创造性突破的最好方式。相反，"提高绩效的新生科学"，Gawande这样称呼它(2007，p. 242)，经证明更有帮助。Gawande写的可能是丰田。

丰田创设了一门提高绩效的科学。Liker和Meier(2007)在对丰田持续改善的文化进行研究时提供了准确的细节。丰田在所有领域提高成绩的方法的实质在于三个方面：(1)确定关键性知识；(2)运用工作指示来转化知识；(3)证明学习和成功。正如Liker和Meier所言，这不是一项"计划"而是"一个将永远需要作出坚持不懈努力的过程"(p. 82；强调为原文所有)。

Liker和Meier提出了一个重要观点，即确认并规范关键知识，并非仅为了技术任务，例如那些运用到装配线上的技术任务，而是运用到所有工作中。为了阐明这点，他们列举了三个例子：制造业(保险模塑运营商)，一家繁忙医院中的一位护士，一名入门级设计工程师。这种普遍适用性是秘密四的一个要点：一致性和创新能够并且必须一起出现，你只能通过在情境中进行有组织的学习才能获得。学习即工作。

我不打算探究这三个例子的技术细节,但是我们需要明白在这些例子中正在发生的事情。Liker 和 Meier 注意到,"相比于任何其他见过的公司,我们估计丰田花了五倍的时间来细化工作方法和培养员工才能"(2007,p. 110)。他们后来声明,"如果我们要确认丰田和其他组织(包括服务、健康和制造业组织)之间唯一的最大区别,那么它可能会是丰田员工对工作的理解深度"(p. 112,强调为后来添加的)。

关于是否因为关注实践的一贯性而抑制了创造性的问题,Liker 和 Meier 提供了丰田是否正在产生"盲目的服从还是有意的关注"的答案。丰田非常重视"创造性、思维能力和问题解决"(2007, p. 113)。当当务之急是拥有提高成绩的科学时,你可能会喜欢 Tiger Woods:明确正在进行的共同实践,你就能获得一致性的结果;同时,集中精力从事创新性实践,你就能获得甚至更大的结果。

使工作标准化的目的并非要使所有工作具有高度的重复性,也非赞同新泰勒主义使日常工作机械化。相反,其目的在于确定最好的方法以减少变化,从而支持那些具有显著效率的实践,以及确认几个对成功而言非常关键的实践。并不是要追求工作的 100%,而是为了寻找重要因素。在大多数情况下,Liker 和 Meier 写道,"任何工作的重要方面都只相当于整项工作的 15% 到 20%"(2007, p. 143)。关键在于确认那些方面,并对每个人通过运用已知的最好方法来圆满地完成那些任务给予特别关注。而且"对这些项目而言,对既定方法的偏离是不能接受的"(p. 144)。

接下来,Liker 和 Meier(2007)运用这种方法来分析繁忙医院里护士的工作。将一项工作的所有方面分解成"核心的"和"辅助的"任务之后,他们进一步将它们分解成常规的和非常规的任务。为了说明目标,我将只提及其中之一:开始静脉注射。Liker 和 Meier 确认了六个主要步骤:(1)稳定血管;(2)将针尖抵着皮肤;(3)向皮肤压下针;(4)用针刺穿皮肤;(5)改变针的角度;(6)推进导管。对每一个步骤,作者都确认了与安全、质量、技术和成本相关的"关键点"。

任何一项工作持之有效的成绩都不是静止不变的。在任何行动的开展过程中,都存在不断的学习,无论这种学习是察觉和纠正寻常错误,还是发现用以改进的新方法。在本章的后面部分,我将讨论丰田和其他成功组织是如何做到这点的,但是现在集中讨论的是一致性和改进在实践中看起来像什么。

我们列举的最后一个例子来自我们在提高学校和学区读写能力时所进行的工作。我们的工作与像丰田这样的企业之间存在相似性,这很怪异。在《突破》(Breakthrough)一书中,Peter Hill、Carmel Crévola 和我主张采用一种更为系统的方法来获得"突破性的结果"(从本质上讲,是让 100% 的孩子都具有读写能力),并表明我们目前已达到一半目的了(Fullan、Hill & Crévola, 2006)。将持续获得提高融入到组织文化中是秘密四的基石。

《突破》的核心理念是批判性的学习指导路径(CLIP),与丰田获得"批判性知识"的路径是相同的。实施 CLIP 需要确定普通学习者采取的路径,这种路径符合与识字能力相关的一种标准。CLIP 包括一套引导教师和学生达到预期目标点的步骤。这个模式包括调控,从而使处于任何一点的学生都可以沿着这条路径前进;它还包含一些循环和回路,以便教学能够得到调整,从而关注每个孩子的学习需要。

以下是《突破》中的要点:

> 要取得显著结果,改革的下一个阶段就必须聚焦在教育改革中通常的"黑箱子"上:课堂教学。
>
> 必须注重改进课堂教学,选择那些将创造更加精细、有效、数据驱动的专家活动过程,它们能对个体学习需要作出回应。

> 这种关注需要诊断性的实践者(教师),他们拥有坚定的核心信念、理解以及深刻的道德目标,并且他们能开发一种高度个人化的课堂程序。
>
> 一种全面的关注需要系统为了不同层次的所有学生提供日常教学变革所需的支持——这些系统能协调课堂、学校和学区以及国家的文化事业。
>
> 这些系统会让专家的知识关注教师作出的细致的日常教学决策。学生们在学习一个既定课程领域时所遵循的地图都已描绘好,并已融入到 CLIPs 中,作为一种监测学习和指导教学的框架,其中的路径和回路已标明。

正如丰田所做的,Hill、Crévola 和我在工作室(教室)发展了 CLIP。它已经被真实教室中真实教师的工作发展和完善了。

我们用一种与丰田类似的方式,将 CLIP 描述为对精确度的追求,而非寻找处方。在与其他教师和教学领导者的合作中,教师不断地加以调控,并作出调整。相比于传统教学,这位教师必须具有更多的,而非更少的创造性——他或她现在进行有意识的关注,正如 Liker 和 Meier(2007)所提到的。

没有一个学校系统已经包含了 CLIP 的所有元素,而且这也确实是我们在《突破》中所拥护的目标。然而,在行动中有许多单个的例子吸纳了 CLIP 的许多元素,且正在产生结果。我要描述的不是小学读写能力正得到改善的分数,相反,是一个甚至更艰难的例子:高中改革。

我们来考虑一个问题,如何使学生的读写水平达到100%。过去的六年,我和同事致力于提升多伦多北部的约克学区 181 所学校(包括 151 所小学,30 所高中)的读写水平。这个地区的汤山第二中学是一所典型的具有很大种族差异的大型高中。安大略省有一种强制性的 10 年级读写能力测试,名为安大略省中学读写能力测试(OSSLT)。学生们通过这项测试才能达到高中毕业标准。假如学生们第一次没通过,他们可以再参加一次测试。

每年 6 月，作为我们系统策略的一部分，约克学区主张一种"学习公平"，在这一观念下，181 所学校全部需要展示过去一年所取得的成就。以下摘自 2007 年 6 月所作的汤山报告。这份报告完全由学校准备和提供——也即，这是学校领导者自己的观点和言词。

这所学校的行动计划包括双重关注，一是对"通过分享的领导力来建构教师读写教学的能力"，二是由教师和专门挑选出来作为助教的高年级学生领导的一系列"学生读写计划和活动"。对搜集到的持续的、多样的数据，按照"成功与挑战"来进行分析。成功得到了承认；挑战被提出来了。整个方式对学生、家长、教师和行政官员都同样是持续不断的、显而易见的。

当深入到汤山计划的细节中时，你会看到行动中一贯的精确性。2006 年的读写能力结果是，参加此项测试的 88% 的学生都获得了成功。学校通过名字和简介了解到，有 41 个学生没有通过（其中 27 个男生，14 个女生；24 个 ESL[①] 学生；等等）。学校也知道关于"以前合格"的学生和正第二次参加测试或延期学生的一些详情（例如，16 个 ESL 中的 11 个学生没有通过测试）。

接着，我们发现了有效的解决办法。有五种互相重叠的干预：

1. 针对 ESL 学生放学后的读写计划。

2. 为一些还没有通过 OSSLT 的 11 年级和 12 年级学生提供学习场所。

3. 由学校所有学科教师领导的针对 10 年级学生的一种"读写能力突击运动"，包括在测试前的几个星期里用额外的时间来提高读写能力。

4. 一项大型的成功计划，称之为同辈读书和计算团队，在这项计划里，选择 11 年级和 12 年级的学生，让他们接受培训，并支持他们单

---

① ESL 即 English as a Second Language，此课程是专门针对非英语人士提高英语能力的学习课程。——译者注

独与尚未通过OSSLT考试的、正在奋斗的学生一起学习。

5. 一项称之为"引导读写策略"的计划，教师通过这项计划提供个别指导。

每项计划都在被不断地评价和完善。例如，学校通过调查来询问教师和学生读写能力突击运动所发挥的作用，它应该如何改善。学生如果错过了一场他们应该参与的研讨会，读写教师和学校行政人员与他们联络——并非是出于惩罚，而是为了寻找提高参与度的对策。学生接受调查以确定他们在参与研讨会中是否感到舒服，并感觉没有受到侮辱。大多数学生喜欢和赞成研讨会。

汤山也将其成绩与学区(30所高中)的整体平均水平和省的平均水平进行比较，努力使自己在每一个阶段都有所提高。学生们都被问到了细节。OSSLT测试的四个阶段：(1)阅读部分的多项选择题；(2)短文写作任务和报纸文章评论；(3)解释短文，并作出简短回答；(4)写作部分的多项选择题和表达，你对每一阶段都有更好的理解吗？对于PLANT计划，怎样确立辅导者与被辅导者之间的关系呢？等等。

汤山的方法切合实际，它是系统而周密的，这要感谢它对Gawande"提高成绩的科学"的运用。一所学校专心致志地帮助所有学生识字，它似乎没有忽略任何一个学生。这种关注的程度是可能的，主要是因为教师对增强一贯的一致性所持有的积极性。但是汤山只是这个地区181所学校的其中一所。系统内的所有学校在寻找和实施有效的读写实践时，正在向其他学校学习。像丰田一样，约克学区作为一个地区在系统地工作，将效率融入到系统当前的文化中。它们知道学习即工作。

因此，无论我们是正在着眼于实施一项洗手的计划、对战场上伤亡人员的处理、汽车制造，还是提高学校中的读写能力，当它们成功时,我们会发现它们都掌握了秘密四。

从这一部分开始明白一致性和创新看起来像什么。现在面临的一个大问题是,你怎样合理地对待它们?根据我们一直在讨论的细节,你可能猜到外部的学习场所和课程不会获得成功。事实上不存在成功:你只有通过深度的、一致的情境学习才能获得一致性和创新。

情境学习或表面学习

在日复一日的工作中,学习即工作。我的同事 Richard Elmore (2004)曾指出,学校变革中存在表面学习的问题。他注意到"改善更多意味着一种学习功能,在工作环境中学习做正确的事情"(p. 73)。他阐述道:"问题(是)几乎没有机会让教师去进行持续不断的、大量的学习,在他们实际工作的环境中,他们观察或被自己教室中的同事观察,或者在其他面临相似实践问题的其他教师的教室中被观察。"(p. 127)

在汤山,教师有机会在工作环境中学习。学习也融入到了我们的突破模式中,在这种模式里,我们将个性化(确认每个个体学习的需要)、精确性(对准确的聚焦性教学作出正确回应)以及专业教学整合起来。关于后者,我们推断突破性的结果是不可能的,除非每一位教师正在学习如何每天都有进步。

相反,目前在大多数学校中,我们与专业发展更接近——Peter Cole (2004)悲哀地称之为"避免变革的伟大方式"。专业发展计划或课程,即使它们本身很好,但都脱离了教师工作的环境。它们充其量代表了有益的投入,但仅止于此。相反,当你将六个秘密整合起来时,你正在将学习融入到组织文化中。

我一直在谈论学校,但是商业领域在这个方面并没做得更好。那些做了的,例如通篇所列举的公司,都正好是成功的,因为它们避免了在需要改善的特殊环境里进行表面的学习,相反它们将学习的哲学和原理融入到这种环境中。没有其他企业能比丰田更好地代表这些价值和实践。这家企业敏锐地意识到了秘密四。

丰田在情境中"开展"学习。而不是让工人离开工作去学习,学习就是工作。丰田的工作指导方法是一种一流的训练过程,因为它将工作本身当做内容来开发。公司用固有的一种核心目标来选择和培养领导:"丰田的哲学是每一位团队领导和管理者首先是一名教师。"(Liker & Meier,2007,p.283;强调为后来所加)

这样,任何管理者最重要的工作是教会工人变得更有效率:"任何管理者最大的成功就是他们受教者的成功。"(Liker & Meier,2007,p.313)对于常规的工作指导,在职培训是由内部的培训者和管理者领导的,他们通过培训他人来加倍努力:"真正的学习来自重复性的实践,外加培训者的额外指导。"(p.246)

所谓的学生(在接受培训的工人)的成功处于优先的位置。我无法获得培训的详情,但是考虑到了以下这些内容:"学生和培训者将进入车间去观察一名熟练者正在做的工作。这能使学生对工作内容和工作必要节奏有全面的了解。在观察时,培训者可以向学生解释主要的步骤和关键点。"(Liker & Meier,2007,p.260)

谈及指导和学生的学习,目的是为了将学生引向自力更生。在管理者的指导下,"学生执行任务时重复主要的步骤"(p.252),培训者"检查对关键点原因的理解"(p.253)、"立即纠正错误以阻止坏习惯的养成"(p.254)、"评估能力"(p.255),并且逐渐"赋予学生责任"(p.256),但密切关注他们(Liker & Meier,2007)。在丰田的文化中,正如在学习即工作的所有文化中,培训者通常承担着让学生成功的责任;假如学生抗议,培训者就应明白是时候改变方法了。其他原则包括:总是支持学生、解释向谁求助、经常检查进步、鼓励问题,并渐渐减少指导和后续行动。在工作中学习是明确的、有目标的,在这些文化中也是无所不在的。

与秘密三(能力建构优先)交叠的全部哲学的一个组成部分是:"目标不是要确认谁该因问题受到指责,而是要找出系统的失败所在。"(Liker & Meier,2007,p. 289;强调为原文所有)没有这种哲学,正如我们已经指出的,人们往往会隐藏问题,结果是没有人学习。

友爱企业中的公司也包含和营造了一种学习文化(Sisodia 等人,2007)。例如,康内仓储为一年期的员工提供了 235 小时的培训,在随后的每年里提供 160 小时的培训,所有培训都着眼于创设一种人们从经验中学习的文化。

当我 40 年前开始职业生涯时,我专心致志地研究执行,并且一直在学习,渐渐地能做了,直到现在。在写这一章时,我明白它为什么能使我保持兴趣:因为执行是对情境中进行的学习(或者没有学习)的研究。拥有一种学习文化和有效运作的能力"对组织的成功来说,比拥有一种正确的策略更重要"(Pfeffer & Sutton,2006,p. 145)。Frederick Taylor 详细地说明了他的方法,在 1908 年,当哈佛商学院邀请他去教授其著名的科学管理原理时,他拒绝了,他认为,"唯一可以学习的只能是在工场里"(引自 Mintzberg,2004,p. 39)。很明显 Taylor 比系主任更了解情境学习。Mintzberg 并非指大学中所教的东西没有任何价值,而是指在一些实践性专业里——教学、管理、医疗、法律——所教的任何知识必须通过反思性行动扎根于学习中。

在秘密三的最后,我说过这种理念就好比创建更好的农场。什么是更好的农场呢? 它是指工作有意义,工人将自身的价值与公司的总目标联系在一起的地方。好的农场有助于人们日复一日不断完善他们所做的,以及他们所能做的。所有成功的公司都知道这点。在《商业怪杰》中,Talyor 和 LaBarre(2006)断定,"假如你想让优秀的人做到最好,从逻辑上讲,他们一旦进了公司的门,你就要为他们提供适宜的工作条件"(p. 261)。接下来你必须每天不断营造他们的在职学习文化。假如人们在进行的专门情境中没有学习的话,他们毫无疑问是在进行表面的学习。秘密四的本质就在于深度的学习植根于工作场所的文化中。

90　　秘密一到秘密四为秘密五——透明度法则作了铺垫。这是最难掌握的秘密之一,因为它依赖其他秘密。在21世纪,对组织的生存和发展而言,领导者需要接受和掌握透明度的深层意义。

秘密一　爱员工

秘密二　用目标联系同伴

秘密三　能力建构优先

秘密四　学习即工作

秘密五　透明度法则

秘密六　系统学习

秘密五　透明度法则

皇帝没穿衣服，而他的子民却喜欢他这样。透明度关系到评价、交流，以及依据与什么、怎么和变革努力的结果相关的数据行动。所有成功的组织都知道透明度不是什么，它是什么以及他们如何将其当作改进的基本工具。

透明度不是什么

首先，透明度不是测量和报道太阳底下的一切东西。它也不是试图运用测量去控制人的行为。例如，它不像美国政府的教育政策《不让一个孩子掉队法》那样通过无所不在的"适度的年度进步"进行测量。透明度并不是要让教师变成我的同事 Dennis Shirley 和 Andy Hargreaves（2006）所描述的"数据驱动导致精力分散"。仅有一种严格的结果导向是不够的，你也必须通过学习过程和实践以获得那些预期的结果。

Liker 和 Meier（2007）提出了与丰田文化相似的观点："发现弱点，指出它，然后用惩罚作为一种威胁或者期望它自然而然地得到解决，这是没有用的。领导者想找到所有的弱点，并纠正它，从而使整个系统变得更牢固。"(p. 290)

其次，透明度与收集大量数据或者测量那些与行动不符的事物无关。信息过量会产生混淆和混乱，而不是清晰。

所有人都知道测量能够引起注意，并且许多人都肤浅地认为"已测量的东西都完成了"（并不总是正确的——它取决于你如何着手做）。我们先前注意到有压力的、基于惩罚的测量系统导致人们仅关注自身，追求短期结果，不惜牺牲更重要的目标。Pfeffer 和 Sutton

(2000)指出测量机制太过复杂(太多不同的测量)、过于主观,忽略了成绩中的重要成分:"测量和测量过程,特别是设计较差的或没有必要的复杂测量系统,都是将知识转化为行动的最大障碍之一。"(p.139)

相反,Pfeffer和Sutton说:"测量应该是有助于指导行为的向导,但它们还不具备足够的影响力,以至能代替获得知识以及将知识转化为行动所必需的判断和智慧。"(p.153)通过呼吁测量聚焦于选择性结果和特别行动,他们强调了一种将秘密五运用到实践中的最好方法。

有效的透明度是什么

通常,理解每一个秘密适用的、细微的意义的最好方法是分析那些列举的运用这个秘密的组织。在这里,我列举四个例子,它们分布在政府、医疗、教育和商业四个领域。

我们一位担任大型公共事业部门部长职务的朋友(见导论)——Michael Barber(2007)是这方面的一个好的案例。他在Tony Blair的首相执行部门(PMDU)的工作是检察Blair对健康、教育、犯罪和交通各领域优先考虑的事情的落实情况。Barber了解大量有效的透明信息,因为在公众显微镜下,他的任务是将"空想转化为具体可测量的委托事项"(p.50)。他和同事通过将重点放在每一个领域少数几个雄心勃勃的目标上来做到这点,经常收集有关业绩的具体数据,开展挑战不佳绩效的讨论,积极建构与重要挑战相关的特殊能力。一些特殊的主题包括街头犯罪、难民申请、大宗犯罪(例如,入室行窃)、毒品、医院急诊、等待入院的时间、小学的读写能力和算术能力、铁路绩效和道路堵塞。

Barber对秘密三(赞成评判主义)的纠结远超过我的介绍,但是我们都完全赞成的地方是绩效的透明度必须处于首要的、中心的位置。在许多情况下,我们赞成提供清晰的数据能够给改进带来一种强烈的刺激,但是我们都超越了单一的呈现而触及到更多的透明——基本的行动更有可能平衡压力和支持,从而激励行动。另外,与秘密四相关的是,Barber 的测量方法适合在实施特殊的、一致性的,并能产生结果的实践中获得更高的精确度。当谈到收集和运用透明的数据时,他一再规定:"在要求所有供应商收集数据、确定最佳做法、运用它们以及追究结果时,你必须作出说明。"(2007,p. 280) Barber 的行动理论涉及两个埃森哲拍的 Tiger Woods 广告:"耐心,90%;直觉,10%";仅有一个广告的总百分比超过了 100%:"聚焦,110%。"

Gawande(2007)是一位外科医生,他正在探索医疗如何才能变得"更好",当他对在伊拉克那样恐怖的战争条件下为收集数据所做的事情(循环运用以提高成绩)大为惊讶时,他提出了相似的观点:"(我们)知道在伤员身上产生了什么样的统计数据……只因为医疗队花了时间,不顾混乱和疲劳去写日志来描述伤员的情况及其结果……三名高级医师负责收集数据:他们对每一种伤亡情况输入了超过 75 条不同的信息——这些信息能让他们在将来分析战士身上发生了什么,以及所做的有效处理。"(pp. 63—64)

另一个数据透明度及其运用的例子来自我的同事和我所做的一项工作,这项工作旨在提高安大略省公立教育系统 4000 所小学的读写能力和算术能力。当我们在 2003 年 10 月开始此项改革的时候,即使有省级测试机构每年对所有 3 年级和 6 年级的学生进行阅读、写作和数学成绩的测评,也还没有可用的数据库。

作为整个战略的一部分,我们建立了一个新的数据库,称之为"统计邻居"。4000 所学校全部都在这个系统中。它们被分成四组——处于最不利处境社区的学生和学校,处于中间的两组,第四组由处于最有利处境社区的学生组成。学校也能用其他类别来检查——学校的规模、ESL学生的百分率、地理环境（农村或城市）等等。

我们现在能够运用这些数据,在这里,秘密五的深层意义开始发挥作用。简单地公布结果可能有些好处,但是更有可能产生消极影响。相反,我们依据一套基础规则来运作:

1. 我们不能原谅从英国政府称为的"比赛成绩表"开始——从最低分数到最高分数展示每一所学校的结果,而不考虑学校的背景。相反,我们做到以下几点:

a. 帮助学校自己与自己进行比较——也即,跟学校前几年相比,看看它们取得了什么样的进步;

b. 帮助学校自己与统计邻居相比,也即将苹果与苹果相比较;

c. 帮助学校依照一种外在的或绝对的标准来检验自己的结果,例如省内其他学校是如何成功的,是如何在读写能力和算术能力方面获得100%成功的。

2. 我们与72个学区和它们的4000所学校合作,基于它们当前的起点设置年度"预期目标"。

3. 我们集中精力进行能力建构,帮助地区确定和运用有效的教学实践。

4. 尽管我们严肃对待每一年的结果,但我们警惕仅依据一年的结果来对任何一所特殊学校作出定论。我们更喜欢通过检验三年的趋势来确定学校或地区是"原地不动"还是"在移动"（提高或下降）。

5. 对那些表现持续不佳的学校和地区,我们实施一项干预计划,称之为安大略省集中干预合作伙伴（OFIP）,这项计划提供了有针对性的帮助来提高成绩。当前,4000所学校中大约有1100所学校正参与此项计划。我们非常谨慎,谨防让OFIP（符合秘密三）中的学校产生被侮辱的感觉,因为那样做会让处于次要地位的人遭受谴责。

总的来说,我们认为这种方法对以通报数据的方式发展是有效的。在这个过程中产生了巨大的压力,但是这些压力是建立在建设性的透明度基础之上的。当数据精确,并以一种非评判的方式来呈现,由同行审议,用于改善及外部问责时,它们有助于平衡压力和支持。这种方法似乎在发挥作用。在开始此项计划之前,经历了结果无变化的五年(1999—2003)之后,这个省的读写和计算分数上升了大约10个百分点,OFIP学校的提高则高于平均数。

那些特别成功的商业公司也承认和接受透明度。28家友爱企业(Sisodia等人,2007)能够自觉运用透明度。在回应Friedman的《世界是平的》时,Sisodia等人认为信息正逐渐为大众所掌握,这反过来促使公司增加透明度。"但是,正如友爱企业已发现的,这对那些没什么可隐瞒的公司而言是没问题的。透明度帮助顾客、员工和其他利益相关者培养了对公司的信任。作为一种员工驱动力,它已被证明是有效的。"(p. 57)

后来他们指出,"比起非友爱企业,友爱企业通常与他们的员工分享更多的信息。友爱企业的管理层知道公开信息是授权,并要与员工充分地分享财务和生产信息,这能够在员工和管理层之间架起一座牢固的信任之桥。而且,它有助于刺激生产力,并以此去衡量他们的努力"(p. 222)。

透明度涉及开放的结果和实践,在本质上是一种追求和明确反复出现的问题的练习,并确定对它们作出有证据支持的回应。

最后,丰田通过其第十一条原则(十四条之一)将透明度和分享带到了一个新的高度:"通过挑战你的合作伙伴和供应商,帮助他们获得提高,尊重由他们构成的扩展的网络。"(Liker,2004,p. 199)正如一位汽车供应商所指出的,"丰田为了改善它们的系统,采取了更多的行动,也受到了更多的驱动,然后表明这是如何有助于你提高的"(p. 199)。正如我在秘密四中所说的,丰田甚至将公司的旅游路线给了它的竞争对手(不像它们听起来那样具有风险,因为丰田知道文化是偷不走的)。期望个别企业为整个领域作出贡献可能有些牵强,但是这种愿望绝对适合公共领域。确实,我们改革安大略省教育的战略包括促进和期望成功的学校和地区以及不太成功的学校和地区能够开诚布公地互相学习。透明度被扩大了。

为什么透明度具有支配作用?

通过透明度,我指出了结果的公开性。我也指出了那些与成功的结果最为紧密相连的实践的公开性。在实施的黑箱子里面是什么呢?我们怎样才能帮助他人学习和理解实施的内部运行情况呢?什么是最有效率的呢?我们怎样才能让所有的人承担起采用最有效方式的责任呢?这些问题是透明度的实质或内容。

透明度具有支配作用的第一个理由——或者,更具体地说,我们必须吸纳透明度使之起支配作用这一观点的理由——是无论我们喜欢它与否,它都会起支配作用。平的世界对信息的获取,对代表公众和各类利益相关者以及股东明确职责的渴望不能再简单地加以阻止了。

我认为透明度具有支配作用的第二个理由是,它是一件有关平衡的好事;实际上,它是成功的关键。是的,我们都知道数据可能被滥用。公开报道每一所学校(或每一位教师)的学生结果可能会导致不公平或破坏性的行动。然而,备选办法——保持信息的私密性甚或拒绝去收集它——既不可能被接受也不可能起作用。

我们看到我所称为的"纯粹透明度"的微弱力量,它出现在经济学家 Paul Collier 对世界上最贫穷国家的状态既令人着迷又让人不安的描述——《底层十亿人》(*The Bottom Billion*,2007)中。Collier 称 Emmanuel Tumulsiime - Mutebile 为英雄,他现在是乌干达中央银行的主管人员,是财政计划部前常务秘书长。正如 Collier 讲述的故事,财政部对公众消费力进行了跟踪调查,调查结果令人沮丧,政府拨给小学的款项,除了支付教师的薪水,实际上只有20%下发到了学校。怎么办呢?

> 显然,一种方法本来会使自上而下的审计和审查系统变得严格,但是他们已经尝试过了这种方法,显然不管用。因此 Tumulsiime-Mutebile 决定试用一种完全不同的方法:自下而上进行审查。每一次财政部拨款后,都会通知当地媒体,也会到每一所学校去张贴海报,列出其应该获得什么……三年后,他重复了跟踪调查。现在不是20%的款项到达学校,而是90%……因此审查将20%转变为了90%。比一而再地提供双倍的帮助更有效率(p. 150)。

对明显复杂的问题看似简单的解决方法,事实上不过是对纯粹透明度力量的一种阐释。

为了避免纯粹透明度,我们必须在透明度能同时服务于改进和问责制的条件下工作。我们知道如果文化具有惩罚性的话,人们会掩盖而不是报告问题。因此我们需要做的事是营造一些文化,在这些文化里,经历问题和当问题发生时解决问题,都是正常的——确切地说是我们一直在讨论的组织正在做的事情。换句话说,有效的文化包括透明度以及作为它们工作核心部分的数据运用。

在本书的前面,我批评了 Jack Welch 在通用电气公司的领导风格方面存在的问题。然而,他作出的一个最卓越的贡献是改变了通用电气公司的文化,将其从一种迟钝的科层制文化转变为一种包含了实践透明度的文化,或者,如他所称呼的"坦率"的文化(Welch, 2005)。这使文化向新的观点开放,但是我要说的是假如你将透明度与 Welch 的活力曲线联合起来,在活力曲线中管理层的最后10%的人每年都会被解雇(因此违反了秘密一),你正在自找麻烦。这六个秘密作为一个整体时传播得最好。

透明度具有支配作用的第三个理由是在所有成功变革的案例中,透明的数据被用做一个改进工具。没有确立公开收集和运用数据的机制,你不可能取得更好的结果。那些用来持续改善大型组织面临的复杂问题的解决方案,由于在动态条件下,在精确性方面太细致入微且太具偶然性,所以独立工作的个体很难发现它们。透明度以及对与绩效和实践相关数据的运用能够用作有效的改进工具。

透明度具有支配作用的第四个理由是组织的可靠性和长期的生存依赖于公众的信任。可将其称作外部问责制。我的同事和我发现当领导者(校长和教师)能更好地运用数据时,可以产生两个积极的结果。这些领导开始积极地重视数据在他们行动过程中所发挥的作用——关注相似的成功和问题。他们期待获得数据,学着去搜寻那些能够帮助他们,并展示自己和他人正在完成的工作的数据。第二个结果是他们更了解评价了。他们能够更好地解释自己。在进行关于数据意义的对话和争论时,他们变得更从容了,而且他们在谈到对信息的解释和曲解时能够坚持己见。

Lencioni(2007)在其寓言《痛苦职业的三个迹象》(*The Three Signs of a Miserable Job*)中提出了避免职业痛苦的第一个迹象的三个观点,他称其为"不可测"①:"(1)员工需要能够评价自己的进步和贡献程度;(2)假如他们的成功依赖于他人的意见或一时兴起,无论那个人有多么仁慈,他们都不能完成自己的工作;(3)如果缺乏一种评估成功或失败的切实手段,当人们认为自己无力控制自身的命运时,动机最终会消失。"(p. 222)

正如我在这本书中所做的,Lencioni 主张,随着时间的推移,人们需要进行自我比较,以评估他们在实现重要的个人和组织目标时取得的进步。假如缺乏表明实践与结果之间因果关系的清晰透明度,

---

① 指的是员工无法衡量自己的贡献或工作的好坏,他们需要主管给予主观意见。——译者注

他们就无法做到这一点,这种透明度使他们在行动时能够作出修正。毫无疑问,你正渴望知道工作场所痛苦的其他两个迹象。一个是匿名(被视作可有可无的,其违背了秘密一),另一个是不相干(对管理者和同伴来说,工作被视作不重要的,其违背了秘密二和秘密四,即用目标将同伴联系起来和学习即工作)。

因此,透明度具有支配作用,因为它既是不可避免的,又是必需的。当得到有效运用时,透明度的积极力量是巨大的。人们甚至可能会说,比起科层制的、惩罚性的法令,透明度是一种更有效的灌输恐惧(假如那是问题的话)的方式。Barber(2007)在英国的公共领域,以及Collier(2007)在绝对最贫穷的国家的研究,都表明透明度对所有严肃的改革努力都是至关重要的。

需要提醒的是,这些秘密共同运行能起到检查和平衡的作用,从而在一种既定的秘密里产生最佳结果,同时压制它较为危险的方面。回顾上文中我们一直讨论的这些秘密及其给予的启示,我们可以说当透明度与环境中的深度学习联系在一起时具有支配作用。当能力建构战胜评判主义,当同伴互动培养了一致性,当员工和顾客受到同等尊重时,透明度和环境中的学习就会盛行。换句话说,我们拥有这些秘密编织的织锦,这些秘密为组织领导者在复杂时代的生存和发展提供服务。

透明度既是成功的组织所无法避免的,也是其所期待的,当你知道这点,它就不再具有威胁性了。皇帝是没有穿衣服,但毕竟他看起来并不那么糟糕。

领导者能够通过掌握秘密一到秘密五来取得良好进展。但是假如他们真的想为组织的继任领导者留下一点遗产的话,他们就必须解决长期存在的社会学和政治学问题——系统如何在当下学习的同时为明天的持续学习创设条件?

秘密一　爱员工

秘密二　用目标联系同伴

秘密三　能力建构优先

秘密四　学习即工作

秘密五　透明度法则

秘密六　**系统学习**

秘密六　系统学习

当前面五个秘密开始发挥作用时,系统能够并经常进行学习,但是即使在最好的系统里,持续的学习并不能得到保证。我们的出发点是大多数组织都没有学习,那些学习了的组织没有维持它们的学习。在一项对"长期存在"的企业的研究中,De Gues(1997)发现大多数公司都没能度过其40岁生日。

为什么组织不能维持学习的一个关键原因是它们关注个体领导者。随着个体领导者的来来去去,公司也经历着起起(假如它们幸运的话)伏伏。Khurana(2002)对美国850位CEO的研究抓住了问题的要害,在其题为《寻找共同的救世主:对克里斯玛CEO的非理性追问》(*Searching for a Corporate Savior: The Irrational Quest for Charismatic CEOs*)的书中得到了体现。非常顽固的是,公司的业绩越差,公司董事就越有可能会犯根本性错误,即雇用具有高资历的CEO,事实上这不过保证了非连续性:"当一家公司运营不良时,机构投资者可能要求这位CEO辞职,由来自公司外部的某人接替。这位来自外部的CEO调查随后发生的、具有不寻常秘密特征的过程:急切关注局外人的期望……重点是极少数的候选人,那些已经拥有高资历的领导者;强调难以捉摸的,具有文化偏见的领导素质和领袖气质,而不惜牺牲公司的确定性知识及其问题。"(Khurana,2002,p. xii)

Andy Hargreaves 和 Dean Fink(2006)在对几位学校校长的连续研究中发现存在相似的间断的非连续性。他们通过运用由两个维度交叉连接而构成的矩阵结构图,计划 vs. 未计划和连续 vs. 非连续,发现存在大量缺乏计划的非连续性——实际上是随机的。即使在新的领导去"扭转"一所运行不佳的学校的情形下——我们将其称之为潜在的积极的有计划的非连续性——最初成功的后劲也受到了限制。

> 正在扭转坏情形的非连续性需要依靠长期的稳定来推动,直到它成为新的连续性。然而,有计划的非连续性能够产生快速的结果,其领导阶层需要时间去巩固新的文化,去将这种文化融入到每一个人的心灵和脑海之中。重复一下,有计划的非连续性在我们的研究中对学校产生的震动是有效的,但是并不能有效地使变革持续下去……很多学校中有计划的非连续性的领导者在他们目前的工作远未完成之前就被调走了,去为别处的学校奋斗了。这个结果是整个系统中所有学校的一个不间断的变革循环,但是在任何一个变革中都很少有持续的提高(2006,p.69)。

正如 Hargreaves 和 Fink 所言,最终的结果是一个"永不停歇的喧闹酒会",在那里,学校"随着令人沮丧的规律性而摇摆不定"(2006,p.71)。回顾秘密一中,圣地亚哥和孟菲斯学区用新的督学替代了他们的领导者,这些督学快速而公开地扭转了其前任所采用的改革政策。

假如我们知道组织是如何不学习的——并且我们知道大多数组织是不学习的——那么系统怎样学习呢?主要有两种方式。首先,它们会集中培养许多领导者,让他们一起协作,而不是依赖关键人物。其次,它们由那些兼具谦逊与忠诚品质,并且能够应对复杂性的人领导,在这种情形下,效率会被最大化。这些领导者通过整合秘密一到秘密五的精神与能量来整合谦逊和信心。秘密六是一种元秘密,要添加到前面的秘密中去。

关注大多数领导者

丰田是 28 家友爱企业之一,我已经详细讨论过它了。Pfeffer 和

Sutton(2006)竟然断定丰田的业绩"显示没有受到领导层的影响"(p. 211;强调为原文所有)。从字面意义来看,这是一种奇怪的论断,因为丰田的文化正是领导者营造的——而且这就是关键:"事实是丰田能够连续几十年取得成功……公司表明没有受领导层的影响——或者连续的变革——证明建立了一套充满活力的相互联系的管理实践和哲学,其提供了超越单一个体的思想或抱负的机遇。"(p. 211;强调为原文所有)

因此,秘密六的前半部分是要用一种能够经受时间考验的传播理论来修饰文化,在这种文化中,领导层能够在组织的各个层面证明自己。Peter Senge(1990)因提出系统思维是应对前所未有的复杂未来的关键而出名。就本质而言,他说在过去一个简单得多的世界里,一个聪明人能够掌握那些相互依赖的因素。现在,他声称,这个世界已经变得如此复杂以至于没有一个个体能够掌握或预言什么可能会发生,因为那些实际存在的且相互依赖的因素及其衍生物的数量是无法预测的。

就系统作为一个整体而言,Senge 的补救法是提高系统思维的能力,它不能解决问题,但是能够提高正确解决问题的可能性。一句题外话:系统思维在随后的实际工作中没能产生出符合系统思维的领导者。毕竟,Senge 建议我们开发了大量的知识和相关的工具,从而"使整个模式更清晰,也有助于我们明白如何有效地改变它们"(p. 7;强调为后来所加)。不能做到这点可能与强调系统在思考什么而不是系统正在做什么有关。也可能与 21 世纪的世界过于复杂有关。

秘密六的第一项任务是揭示前五个秘密。通过这样做,组织成员将会感觉受到了重视(秘密一),参与有目的的、能够产生知识和承诺的同伴互动(秘密二),培养他们个体的和集体的能力(秘密三),每天在工作中学习(秘密四),并且在与标志着进步的实践中体验透明度的价值(秘密五)。实际结果是组织中大多数同事的确是学习者。

由于更广泛地参与到组织的内部和外部,他们的世界实际上扩大了,他们拥有一种更广泛的系统观,并且更有可能在思想上与更大的环境一起行动。

因为许多领导者在一起工作,他们不断地在其队伍中培养未来的领导者。为组织的未来培养更年轻的领导者,当领导者以这种方式来培养其他领导者时,连续性以及正确方向的可能性就大大提高了。

这是秘密六的前半部分,但是它自身并不完善。同时,环境变得前所未有的复杂和不确定——充满了惊奇。那么,一个系统如何在这些条件下学习呢?现在要采取行动来阐明这个秘密,但是在本质上,它意味着同时保持谦逊和自信,以及拥有那些概念性的观点和实践工具,从而可以在复杂的、无法预料的环境里运行。这是处于最佳状态的系统思维和系统行为。

穿越复杂地形

秘密六的第二部分是谦逊,因为世界是不确定的,并且无论你做什么,你都无法保证未来是成功的。A 部分说你能提高成功的可能性;B 部分说你的成功是无法保证的。让我们的传播理论去为埃森哲和 Tiger Woods 设计一则新的广告(免费的)。它来自进化理论:挑战环境,70%;适应环境,30%。Carnoustie 和 Augusta 是非常不同的高尔夫场所,因此 Tiger Woods 将其坚定的一致性与开放性融合起来改变他的比赛,从而适应环境。

至于当代的复杂性,我们已经讨论了 Thomas Friedman 的《世界是平的》。对这个主题的一个更为复杂、更易引起恐慌的处理是 Thomas Homer-Dixon 的《底之上:灾难、创造性和文明的重建》(*The Upside of Down:Catastrophe, Creativity and the Renewal of Civilization*, 2006)。

读这本书,你会发现文明的可能结果是有道理的。

Homer-Dixon(2006,p.11)将他的分析建立在五种"构造压力"基础之上:

1. 人口的压力来自富人和穷人社会不同的人口出生率,也来自穷国大城市的螺旋式膨胀。
2. 能源的压力——首先源于传统石油的日益稀少。
3. 环境的压力来自对土地、水、森林和鱼类的日益破坏。
4. 气候的压力来自我们大气结构的改变。
5. 经济的压力产生于全球经济系统的不稳定性及穷人和富人之间日益扩大的收入差距。

他继续说道:"这些紧张性刺激和繁殖者构成一种致命的混合物,急剧地增加了政治、社会和经济秩序崩溃的风险——一个我称之为同步失败的后果。"(2006,p.16;强调为原文所有)在他看来,这种紧张性刺激物的汇聚能够在任何时候,以任何不可预期的方式发生。任何危机的触发效应——政治的不稳定性、石油价格不断攀升所导致的严重经济后果、富人和穷人之间不断扩大的差距,或者气候的改变——能够不断产生一些枝节问题从而产生同步的失败。因为改变的范围如此之广,Homer-Dixon 认为"我们不应该对诧异感到诧异"(p.17)。

Homer-Dixon 呈现了一个又一个的事实、一个又一个的案例,在这些事实和案例中压力会以一种方式聚集,这种方式能够"破坏一个社会的社会结构、腐蚀它的共同体和城市及政府机构;并滋生城市暴力,包括暴乱、叛乱、非政府军队冲突,甚至是种族清洗"(2006,p.149)。

有关穷人经济的统计数据也有了些微的提高——大约有11亿人

口,或者世界贫困国家人口的 1/5,每天赖以生活的物品在美国仅需 1 美元就能买到。在过去的一个多世纪里,穷国和富国之间平均收入的差距一直在扩大。在 1870 年,富国的平均收入是贫国平均收入的 9 倍多;在 1990 年,差距是 45 倍多(Homer-Dixon,2006,p. 187)。这些环境正在"产生一种变革与压力共同熬成的一锅大杂烩,那几乎是一种穷人世界对富人世界广泛的,甚至是强烈怨恨的完美食谱……穷人世界正在(产生)大量长期对他们命运不满的人"(p. 204)。

一种完满的形势导致一场巨大的灾难。在剧变时代,"生活处境最好的人缺乏信仰,而生活处境最差的人却充满了激情"(W. B. Yeats)。

这与系统学习有什么关系吗?随着秘密六的进展,答案将会变得更清晰,但是我们将从两个要素开始:(1)既然我们知道世界正变得更加动态关联,那么所有领导者都需要意识到全球系统对他们商业和他人商业的潜在影响,(2)领导者要学会应对不确定性。同时,我们需要勾勒出复杂性的图景。

假如你能容忍一个更加令人沮丧的话题,或者,更准确地说,假如你对检验什么会影响我们的全部未来这样一个现实感兴趣的话,读一读 Paul Collier 对世界上最差的 58 个国家人民生活的深刻分析(2007)。不管你是否相信,这些国家没有一个在 Homer-Dixon 所列的麻烦国家的观察名单上,换句话说,它们比最差的国家还要差。它们都是小国家,但是其人口总量占世界 60 亿总人口中的 10 亿。这些国家大多数位于非洲和中亚。

然而世界上其他所有国家,包括一些非常穷的国家,在过去的 40 年里经历了史无前例的经济增长,处于最底层的 10 亿人实际上比 1970 年更穷了。Collier 指出了这些国家是如何陷于四个致命陷阱中的一个或多个陷阱的(通常是更多个):冲突的陷阱、自然资源的陷阱(自然资源实际上是长远发展的一个损害)、被居心不良邻居的陆地包围的陷阱以及恶政的陷阱。Collier 分析了为什么援助本身不是答案。相反,他呼吁某类援助、有选择性的军事干预(正如在卢旺达和达尔富尔而不是在伊拉克所发生的那样)、法律和宪章(包括预算透明的宪章),以及有利于扭转被边缘化者的有针对性的贸易政策,这些应该联合起来,并且要有一个详细的先后顺序。这里并不是要深入挖掘提议的解决办法的细节,但是 Collier 给出了警告,我们对最底层 10 亿人的忽视使自己处于危险之中了(或者,更准确地说,使我们的子孙后代处于危险之中了):"我有一个六岁大的男孩。我不想让他生长在一个痛苦不断增加的世界里——在史无前例的繁荣之中,有 10 亿人处于令人绝望的处境中。"(2007, p. 176)当一位经济学家开始担心道德目的和他孩子的安全时,你知道你也有问题了。

所有国家所有公司所有层次的领导者——那些想帮助他人生存和发展的领导者——需要意识到世界更大的系统性问题。与六个秘密有着密切关系的领导者更可能意识到系统学习实际上意味着整个系统——全球系统。Homer-Dixon 和 Collier 意识到这个中了毒的拥挤不堪的世界,他们所做的有力的、无情的记录有助于解释为什么丰田和其他 27 家友爱企业并不满足于在世界的一个小角落里辛苦地工作。在某种程度上,他们意识到利益相关者并非只是投资者和管理者,还有员工和社会——包括国际社会。这个更大的背景是万分复杂的,并且对我们的未来至关重要。这种认识显而易见是系统学习,因为它让领导者超越组织自身来很好地进行思考,并以一种相关的方式那样做。因为商业和利他的原因,领导者的确需要了解更广泛的环境(参看 Ghemawat 2007 年对领导者需要知道什么和他们应该如何应对全球市场的详细分析)。

当领导者在探索环境的复杂性时,他们需要将谦逊和信心联合起来。Rosenzweig(2007)得出了尊重不确定性的结论。正如我们早先看到的,他警告我们不要愚蠢到事后从那些明显优秀的公司中推断出肤浅的教训——所谓的光环效应。他还告诉我们,你无论怎么为未来作准备,总有一些你无法控制的不确定性。不确定的顾客需求、无法预期的竞争者、不断变革的技术以及执行的不确定性(更别提 Homer-Dixon 的构造压力和 Collier 的底层 10 亿人)联结在一起,导致只能为未来做大概的准备,带来些许的好运。

在 Rosenzweig(2007)看来,不带幻想地看待这个世界的管理者是正确的:"他们是有思想的领导者,他们承认成功来自作出明智的判断和努力地工作,外加少量的好运,他们充分地意识到假如游戏的中断只是产生了一点点不同,结果可能会非常不同。"(p. 159)

Robert Rubin(2003)从 1995 年到 1999 年担任克林顿总统的财政部部长,他的著作《在一个不确定的世界里》(*In an Uncertain World*),抓住了秘密六的基本要素:"我在我职业生涯的不同阶段所遇到的一些人似乎对任何事都比我要肯定。那种确定性……(代表)了一种态度,它似乎误解了事实的真正本质——它的复杂性和模糊性——从而为以一种可能产生更好结果的方式作出决策提供了相当薄弱的基础。"(p. xii)

Rubin 说,领导者反而需要的是接受随机决策的概念,以及考虑不同因素的复杂性,这些因素可能采取行动,并产生相互影响。这是一个分析的过程,还涉及主观判断:"最终的决策不仅反映了所有这些输入,还包括本能、体验和'感觉'(2003, p. xi)。从定义上讲,冒险不是指每次都获得结果,而是指在更多的情境中获得成功。Rubin 说明了这点:"甚至有关干预的最好决策都是随机的,会有失败的风险,但是失败并不必然使决策错误。"(p. 37)

Rosenzweig(2007)将这种态度看做是对复杂性的尊重,"将繁荣时期的谦逊与在不景气时期坚持不懈的学习联系起来"(p. 162)。或者,正如埃森哲拍的 Tiger Woods 的广告所言,"安全地做,80%;知道什么时候不做,20%"。并且,在他最近的广告中,"计划,70%;备份计划,30%"。

这些作者正在说的是,无论你多么聪明,无论你掌握了多少数据,你都决不会得到一个确定的结果。你能使成功的可能性最大化,但是你绝不可能取得确定无疑的成功,因为情境是复杂的。

有一件事我们是肯定知道的。领导者从确定的立场来行事注定会错失某些东西,他们可能比同时代的人更容易犯错,并且几乎不能从他们的经历中吸取教训。

秘密六中存在一个悖论。一方面,追随者希望领导者知道他们正在做什么,特别是与当今复杂而重要的问题相关的事情。另一方面,领导者不应该太过于自信。悖论要得到巧妙的处理。领导者需要传递对未来的自信心,即使他们并不(应该不)完全确信。换句话说,在那些环境里,他们确信考虑到了所有可能性,并作出了正确的选择,即使有些事情可能错了。

Rosabeth Moss Kanter(2004)提出:"领导者的根本任务是要在成功之前培养自信以吸引那些使成功变得可能的投资——钱、才能、支持、投入、关注、努力或者人们最好的想法。"(p. 19)简而言之,领导者要制定一些程序,以控制过度的自信[Roberto, 2005,在《为什么伟大的领导不把遵从看成答案》(*Why Great Leaders Don't Take Yes for an Answer*)中有许多这样做的策略]。给追随者的建议是不要对领导者抱有盲目的信仰。据报道,Peter Druker说过:"人们提到领袖是因为他们不知道如何拼写吹牛者。"因此,重复检验随时都需要。

Pfeffer和Sutton(2006)带领我们穿越"真相、危险的半真相和胡言乱语"的雷区,以最令人信服的建议而告终。他们的四个自相矛盾之处和相应的方针(p. 200)完全与秘密六吻合:

1. 每个人都希望领导者担当重任,即使他们的实际影响有限。领导者需要表现出他们能够掌控全局,充满自信,憧憬未来,即使在确认和承认他们自己的局限性时亦是如此。

2. 因为领导者与其他人一样会追求自我提高,会因受到奉承而膨胀,他们有一种失去行为禁忌和以破坏性的方式行动的倾向。他们需要避开这个陷阱,保持一种智慧的态度以及适度的谦虚。

3. 因为实施完全控制的愿望本身就是半真半假的,所以有效的领导者必须学习何时及怎样避免控制,让其他人作出贡献。

4. 在那些领导者协助建立的系统中,如果具有影响力的、技艺高超的人并非对于系统举足轻重,那么此时领导者通常具有最积极的影响。可能观察领导能力的最佳途径是构建组织系统、团队和文化的任务——为他人的成功创造条件和前提条件。

在这四个矛盾之外还有四条行动指南(Pfeffer 和 Sutton,2006,p. 206):

1. 设想自己处于控制之中来行动和讲话,并表现出自信。
2. 采用信任和责备。
3. 谈论未来。
4. 对一些重要的事物给予特别的关心,并不断重复它们。

这些指南指明了掌握秘密六的途径。领导者面对复杂性时要比在确定性环境里更自信,但是不能太过于确定,以至于忽略了那些不符合行动计划的事实。秘密六需要努力解决系统的复杂性、采取行动以及从经验中学习——所有这些在让其他领导者参与的同时,也提高了组织作为一个整体在当前以及持续学习的机会。

在这个框架下,当领导者试图调和系统面临的困境时,学习变得更有活力了。这种系统学习在 Roger Martin 的《整合思维》(*The Opposable Mind*,2007)中表现得最明显。在大量采访来自一个大环境中特别有效率的领导者之后,Martin 列出所有这些领导者都具备的一个独特品质。因为他们在头脑中持有两种截然相反的观点,而没有感到惊慌失措或满足于一个或另一个观点,并且他们能够"综合优于任何一个相反观点的两个观点"(p. 6)。他将这种能力称作"整合性思维",并将其界定为"建设性地应对相反观点之间张力的能力,不是以牺牲一方来选择另一方,而是以一种新观点的形式产生一种应对张力的创造性决心,这种观点包含相反观点的要素,但又优于任何一方"(p. 15)。

我相信,大多数秘密仅依赖于这种整合性思维,读者同样能理解:例如,热爱员工和顾客(秘密一),整合自上而下和自下而上思维的要素(秘密二)——或者,换一种表达方式,以"既—又"的术语而非"不是—就是"的术语来思考。Martin 的著作特别善于表明领导者如何获得和提升整合性思维,同时削弱常规思维。

整合性思考者对突出问题采取一种更开阔的视野,试着去领会复杂的因果关系,在思考个体部分的同时着眼整体(Martin 将其称作问题的体系建构),并最终下定应对张力的创造性决心。突出、因果关系和体系建构的决心因此成为解决整合性问题的核心要素(并且,放在一起就是对系统思维的一种清晰描述)。

Martin 通过不断重复姿态、工具和经验来表明如何培养整合性思维,如下:

姿态　在这个世界上我是谁,我将成为一个什么样的人?
工具　我要用什么样的工具和模型来组织我的思维?
经验　我需要用什么样的经验来建构我的全部敏感性和技能(p. 103)?

整合性思考者,或者秘密六的思考者,并没有接受现成模式来解

¹²¹ 释事实，在面对复杂性时并没有表现出惊慌失措（而是寻找模式和因果联系），他们都很自信能够找到一种更好的、混合型的解决方式，并且将经验看做培养控制力和独创性的学习机会。换句话说，他们将精确性与创造性结合起来，正如我们在秘密四（学习即工作）以及对什么将成为一只老虎的表面上看似相反的类似阐释中所见的一样。

Martin 提醒我们，尽管反思性姿态和学习来源于新的经验，但仍需不断地调整工具。我对秘密一到秘密六所谈论的一切，在形式和内容上完全与他所界定的整合思维的概念一致。尽管这些秘密需要坚持并调和相反的观点，但这种复杂性没有必要成为压倒性的。这些秘密通过实践和反思是可以获得的。相比于客观确定的情形，这些秘密使你更有信心地领导，从而使组织生命更富有活力和成效。你的跟踪记录为你提供了证明。复杂性的神秘性减少了，更便于管理了。

假如你对重要的道德原则坚持到底，帮助他人培养领导力，同时同情他们所面临的挑战，并积极应对更大环境所具有的复杂性和不确定性，你最终将会发现我们所有人都能做得更好。同心协力地追寻前五个秘密，并将批判性学习添加到这个混合体中。那就是系统学习。

结语　恪守秘密

恪守六个秘密并不容易。但是在这复杂而危险的时代，内化这些秘密更为重要。幸运的是，还有一些明确的指南来指导如何做，我会在这里讨论它们，因此你不会独自面对。来自整个组织和系统各个部分的领导者共同研究它们。这些指南是提供给所有类型领导者的——分厂经理、政客、CEO们、社区领导——包括公共领域和私人领域。假如领导者想在21世纪生存和发展的话，他们需要这些指南。

恪守秘密的指南

1. 掌握协同效应。
2. 界定你自己的传播理论。
3. 分享秘密，恪守秘密。
4. 世界是你拥有的唯一牡蛎①。
5. 与复杂性保持距离。
6. 幸福并非我们有些人所认为的。

掌握协同效应

幸运的是，这些秘密交织在一起，以至于作用于任何一个秘密都意味着同时作用于几个秘密。为了说明这点，我们只需复述一次。按秘密一所说，当你爱员工一如爱顾客（以及其他利益相关者）时，你会集中精力促进有目标的同伴互动（秘密二），这会使得员工之间、员工与公司之间、员工与顾客之间的关系变得亲密起来。当你加上不

---

① 有一种牡蛎是产珍珠的，但是在打开以前，我们不知道有没有珍珠，不知道是个稀世珍宝，还是个寻常货色。喻指世界的不确定性，我们无法准确地预知未来。——译者注

带评判主义的能力建构时,人们会没有怨恨(秘密三)。再看秘密四,学习即工作,人们无论是单个干还是集体干,都会改进他们所做的,而这又会巩固前四个秘密。

通过运用这六个秘密,我们已经将相当数量的问责制融入到组织文化中了。加上无处不在的透明度,以及因为秘密之间的相互作用而自然而然确定的事情。例如,当你将有目标的同伴互动、学习即工作和透明度联系起来时,严格的内部问责制就内生于文化中。采取系统学习的姿态(秘密六)——它意味着你欣赏不确定性,并学着更好地理解复杂性和采取行动,甚至当你知道并非一切都证明必然是好的时——你仍一如既往。通过做这些,你拓宽了视野,将本土和全球背景融合在一起。总而言之,你符合 Pfeffer 和 Sutton 给智慧设定的标准:"一种依据知识行动而又不盲从知识的能力。"(2006, p. 174)

界定你自己的传播理论

从导论开始,我一直主张领导者需要发展,并需要不断地完善一种好的理论,详细说明它,以便在所有情形下它都能得到很好地传播。假如你寻找银弹和技术,那么,这里有太多的东西要记住,你不会充分深刻地理解它们,从而全部运用它们。我在六个秘密中已经提供了一种相当好的传播理论。

回忆一下我们开始提到的 Wilson 对理论的界定:"一种理论仅仅只是组织观点的一种方式,这些观点似乎能彰显世界的意义。"(2007,p. 16)

正如我曾经说过,一种好的理论解释的不是你希望世界如何运转,而是它实际上如何运转。自相矛盾的是,假如你有坚定的道德原则,同时还拥有一种变革理论(与仅有道德原则明显不同),你就有更大的机会改善组织及其环境。因此,我建议你依据自己的理论行动。

很明显,我认为六个秘密说到点子上了,因为当将它们运用到各种情境中时,你会发现它们稳稳地站住了脚跟,正如我在这本书中已经做的。运用这六个秘密引起你去重新思考或建构自己的理论——一种建立在这些秘密基础之上的理论(我希望),但又是可以理解的,以便这些秘密能够理解你正面临的和你想达到的。

好的理论是简洁的。基于行动的观点最好在五页纸之内表达清楚,而不是五十页。当知道自己正在做什么的时候,你能够用更简短的语言来准确地描述它。然而,非常奇怪的是,当你不知道正在做什么时,会花较长的时间去解释自己!你真的必须知道你正在谈论什么,并清晰而有意义地表达出来。

分享秘密,恪守秘密

另一个自相矛盾之处是:守住秘密的最好方式是去分享它们。假如你在实践这些秘密,那么,你在为别人做示范。假如你运用它们,你同时也在培养其他领导者,他们通过学习了解了它们。运用这六个秘密和培养其他领导者完全是一回事了。一旦你拥有一种各级领导者以这种方式运作的文化,当它们发挥作用时,他们增强了彼此。

正如在秘密六提到的,这种增强产生了一种文化,它促使 Pfeffer 和 Sutton (2006)得出了一个值得关注的结论,即这么多年来,丰田没有受领导层影响。换句话说,没有哪个领导者是不可或缺的,但是因为这种文化,来自组织各部分的领导者不断将组织推向前进——扎根于组织中的规范、能力和实践行动——保证了这点。

我希望你不要通过微观管理来教授这六个秘密,这也是显而易见的——从定义上说这是正确的。当你作为一个领导者知道很多时,要避免过度管理是非常难的。你知道的越多,就越想去控制。但这正是问题所在:能生存和发展的领导者是那些知道他们不知道一切的人。事实上,这种知识——知道你不知道——对让别人具备能力是很关键的。Pfeffer 和 Sutton（2006）表达了一种放手的需要："心态……使乐意放手和让他人实施、发展、学习和犯错误成为必需。假如领导者相信他或她需要作出每一个重要的决策，并比别人更知道要做什么和如何做的话，就很难组建一个其他人能成功的系统。正是在领导角色中寻找指导与倾听、指挥与学习之间的平衡能够对组织的业绩作出最有益的贡献。"(p. 211)

我们已经将来自中心的指导和信心，以及在系统各个层次上承认和寻找领导能力的灵活性联合起来，并在此基础上形成了我们在安大略省的教育改革策略。假如用有目标的纵向和横向互动以及数据的透明度来武装系统，你就可以相信系统能更长久地运转——并比其他方法运转得更好。通过将这些秘密运用到行动中，你能激发他人采取更有效的行动。

世界是你拥有的唯一牡蛎

"世界是你的牡蛎"在传统意义上意味着世界是你接受的世界。我们明白在日益复杂的条件下，情况并不是这样的。然而，当将这些秘密运用到你所面对的更大世界时，确实能提高你成功的机会。世界不是让你来接受的，而是让你创造的。我们一次又一次地看到领导的范围扩大了。我们在 Sisodia 等人（2007）对利益相关者的全面界定中看到了这点：员工、顾客、投资者、合作伙伴和社会。必须以一种平衡的方式提出和对待这五类人的需求："每一种关系都要以这样一种方式来管理，即(a)存在于当事人双方以及(b)结盟双方的当事人利益之间价值的双向流动。"(p. 54)

这种方式的潜在好处是无限的。当人们互相学习时，每一个人都能有所收获，而无需从他人那里拿走什么。这是整体确实大于各部分之和的一种情形。其目标是要在包容的同时，对系统的多数层次作出贡献。

Mintzberg（2004）得出了一个相似的结论："我相信管理的作用是……促进组织的发展从而实现社会的发展。换言之,我们是如何通过培养更优秀的管理者来改进组织以满足目标的。我们这样做,是为了创造一个更美好的社会。"(p.379,强调为原文所有)

对谁是利益相关者的任何一种狭隘界定都会滋生对所有人有害的自私自利。

指导其他领导者生存和发展的满足感和必要性是超越自己,将世界当做你拥有的唯一牡蛎的另一个要素。帮助改进它或者部分地忍受这些后果。

正如Mintzberg提出的："领导并不是指作出更明智的决策和进行更大的交易,更不是为个人谋取私利。它是让他人充满活力,作出正确决策和做其他事情。换言之,它与帮助人们释放自然存在于人们身上的积极能量有关。有效的领导更多的是激励而不是授权;它更多的是联系而不是控制;它更多的是证明而不是作决定。它通过参与来做所有这些——首先是它自己,接着是他人。"(2004,p.143)

Pfeffer和Sutton（2006）以同样的口吻建议领导者创设一种氛围,在这种氛围里,人们在面对内外部现实时,不断地互相学习。将他人看做发展中的领导者是吸引和留住优秀人才的最好方式,这些人反过来又会使组织变得更出色。

这个大牡蛎就是普遍意义上的世界,就是Homer-Dixon（2006）和Collier（2007）在秘密六告诉我们的世界。假如世界作为一个整体不在你担心的名单上,那么它应该是的。为了抵及人类和社会价值的核心,我们必须确认我们在一个更广阔环境中的位置。这似乎看起来有些自相矛盾,当我们致力于改善工作环境时,我们也在满足自我的利益。有时候确定特殊的价值变得具有争议,因此我发现Homer-Dixon对三类主要价值的描述是非常有用的。他说存在着功利主义价值,其仅表示"简单的喜欢和不喜欢";道德价值,其关心"公平和公正,特别关注像财富、权力和机会等的事物在人们之间的分配";存在主义价值,其"运用到那些赋予我们生命以意义与价值的事物之上"(p.301,强调为原文所有)。

按照 Homer-Dixon(2006)的分类,我们的价值是失衡的:

> 因为我们不情愿或不能谈论道德价值和存在主义价值——很大程度上这些价值还远未开发——功利主义价值乘虚而入。这也是为什么消费主义在西方牢牢地掌控着我们许多人精神的一个原因。因为没有一致的理念赋予我们的生活以意义,所以我们试图通过购买更多的东西来满足我们对意义的需要……最后随波逐流,失去了适应力。我们冒着成为空心人的风险,没有个性、实质和内核——像一个能被一些强烈的震动粉碎或压碎的蛋壳。(p.302)

以完整性来行动,并帮助那些和你一起工作的人们,配合他们接受一种关于公司如何符合以及哪里符合社会的更广泛、更有意义的观点,这对组织的生存是非常必要的,因为环境就是一切。环境能够扩大或限制我们成长的机会,因此我们可在帮助改善它时获得一种既定利益。假如道德价值听起来宗教色彩浓厚或过于左派,那么存在主义价值也是。它们关心改善我们周围的事物,通过领导使正在发挥作用的六个秘密的积极影响最大化。这并不违背道德大义,如同人类需要获取各类资源以求生存一般。

与复杂性保持距离

迷失在复杂性中意味着寻找银弹。它意味着成为"技术性"——寻找作为解决办法的工具而不是理解根本问题。与复杂性保持距离能够认识复杂性,同时又不屈服于它。Sisodia 等人(2007)引用 Oliver Wendell Holmes 的话说:"我不会为复杂性这边的简单付出任何精力,但我会为了复杂性另一边的简单付出我的生命。"(p.256)接着他们引用了 James O'Toole（1995）的话："为了超越复杂性的混乱，执行者必须放弃对当下实用性的不断寻找，以及自相矛盾地试图去理解一些塑造他们工作环境的根本观点和价值。那些叫嚷着如何去教学的管理者从定义上看是迷失在复杂性中了。"（引自 Sisodia 等人，2007，p. 256）

因为这些秘密扎根于行动之中，与复杂性保持距离并不是一项抽象的训练。正如我们所看到的，它需要平衡自信和谦逊，同时也要调和复杂性。Taylor 和 LaBarre（2006）将这种姿态称为一种"个人的自信和明智的谦卑"（p. 110）的混合。在运用这些秘密的过程中，领导者有效地减少了大量的不确定性，因为他们获得了更好的、更全面的证据和理解。一旦揭示了所有可能洞悉的不确定性，他们就处于应对现实复杂性的更有利的位置——也即，复杂性不可能提前被领会。复杂性在某些情况下会让你失败，但假如你忽视它的话，它将始终使你失败。与复杂性保持距离——从根本上说是我在秘密六中所倡导的——是一项长期的工作。

幸福并非我们有些人所认为的

纯粹的社会财富不会令人们感到更快乐，即使他们处于富人之列（然而，对于非常穷的人来说，缺乏基本的生活必需品意味着悲惨和堕落的生活，特别是在富人和穷人之间差距非常大的地方）。健康经济学家 Richard Wilkinson（2005）揭示了社会中这种不平等所具有的许多消极后果。超过了一定水平的财富之后，变得更加富有的结果至多是中性的。Wilkinson 引用 Frank（1999）的话："经仔细研究表明，超过了某一点，一个国家中的普遍幸福就完全不受平均收入水平增长的影响了。"（p. 111）

问题是没有节制的资本主义和与其联系在一起的功利主义价值一旦产生就很难控制——拥有更多的人想得到更多。正如 Homer-

Dixson 所言,绝对的增长定律最终会使社会不堪重负,从而达到崩溃的极点。他警告,即使人们遵循规则行动,崩溃也将发生。这意味着我们必须超越这些规则,明确地减少消费。Collier（2007）提出了附加问题,即当权者在失控的条件下往往帮助自己。

当组织仅仅就增长和不惜一切代价达到目标来界定成功时,我们也会看到负面影响。这是 Sheth 谈到的自我毁灭习惯（2007）中的第六个:痴迷规模——为了增长而增长。

如果要看到领导者运用（或违背）六个秘密的实际结果,可看看两位优秀的南极考察者的领导风格。在 20 世纪早期,Robert F. Scott 和 Ernest Shackleton 爵士都作出了令人难以置信的决定,带领船员穿越南极,但是两个探险队的结果却具有戏剧性的不同。Shackleton 将有意义的挑战和对下属的关心联系在一起,但是对 Scott 而言,完成任务是其唯一考虑的目标。幸福需要将有意义的工作与关心他人联系起来。

Morrell 和 Capparell（2001）将 Shackleton 的风格和 Scott 的风格之间的要素作了如下对比:"Scott……是严厉的,拘泥于形式。对他来说奖赏是最重要的,他的军队训练已经规定,一些人的丧生是不可避免的……Scott 是冷峻的、威吓的和控制型的;Shackleton 是亲和的、幽默的和崇尚平等的……Scott 试图使其属下的任何行动都保持一致;Shackleton 让其下属承担责任,并给予一些独立行动的尺度。Scott 遮遮掩掩,并不值得信任;Shackleton 公开而坦诚地与其下属谈论工作的方方面面。Scott 为达到他的目标而不顾将其团队置于危险之中;Shackleton 将其下属的生命看做是至高无上的。"(p. 36)

Scott 的人都死了。Shackleton 的人在"持久号"轮船撞上南极冰块失事后,搁浅在远离文明社会 12000 英里处,在没有任何通讯工具的情况下,全都幸免于难。在一块南极大浮冰上几乎与世隔绝的两年时间里,Shackleton 和一些人员依靠小型的比小舟大一点的船,航行了 800 英里，穿越寒冷的南极南部去为其下属求救。全体人员中的 72 人全都以良好的健康状态生还。

Morrell 和 Capparell（2001，p. 45）列举了 Shackleton 的一些领导品质：

- 培养对他人的同情心和责任感。
- 一旦你作出承诺，就要坚持度过艰难的学习期。
- 尽你的职责去帮助创设一种乐观向上的现实环境——对生产力是很重要的。
- 拓展你的文化和社会视野，学会从不同的角度看事情。
- 在一个快速变化的世界里，乐于朝新的方向去冒险，抓住新的机会和学习新的技能。
- 寻找一种路径将挫折和失败转化为自己的优势。
- 看问题要大胆，制定计划要仔细。
- 从过去的错误中学习。
- 决不以任何代价坚持达到一个目标；它的实现必须不能给你的员工带来过多的困难。

听起来有点耳熟吗？Shackleton 知道六个秘密；Scott 不知道。同样令人难以置信的野心勃勃的目标是危险的，但却是从两种截然不同的领导观出发来实现的。

在今天，除了有意义的工作和对同伴的关心外，幸福的其他要素是什么呢？Jonathon Haidt（2006）提供了最佳答案，他谨慎地得出了他称作的"幸福假设"。他断定"幸福来自于之间"（p. 213）。它既不是仅存在于我们内部，也不仅"在那里"。换言之，幸福是关系性的：它产生于我们与环境中的人和事之间的交互作用。Haidt 一旦作出了这个关键性的区分——幸福并非来源于一个既定目标的实现，而是来自对目标本身的感觉——什么使我们快乐的问题就变得更容易理解了。

有关幸福理论的这个例子并非抽象的、哲学式的例子。我们能以经验性的术语提出这个问题：来自大多数人的证据告诉了我们幸福是什么呢？Haidt发现幸福来源于四个因素之间的联合：爱(有一些有意义的附加物)；有意义的工作(其包括附加物，但是也涉及更好地完成你正在做的事情)；重要的参与(当你做高质量工作时所获得的感觉，这种工作能对他人产生一些有用的东西)；不同层次的一致性(当自我感觉从身体上和心理上与你作为其中一分子的更大文化相吻合时)。

Haidt断定，"幸福假设的最终版本是幸福来自于之间。幸福不是你能直接发现、获得或达到的某物。你必须创设适宜的条件，然后等待。这些条件有一些就存在于你自身。其他条件需要与你周围的事物建立关系……人们需要爱、工作以及与更广泛的事物相联系。在你自己和他人，你自己和工作，以及你自己与超越你自己的事物之间，获取一种正确的关系是值得的。假如你正确地获得了这些条件，目标感就会出现"(pp. 238—239)。

假如你近距离地观察，正如Haidt所界定的，幸福与六个秘密是交叠在一起的。这本书是关于领导力的，它意味着你承担着一种双重责任：为自己解开这些秘密，同时为他人创造条件去寻找工作中的幸福。生存和发展，像幸福一样，也是"来自于之间"。作为一名领导者，你的工作——包括你与他人的相互作用，既在组织内部，也在组织外部——能够激发幸福。

六个秘密给了我们许多思考的养料。这些存在于它们之间的互惠的、相互促进的关系将成功的行动很好地置于我们力所能及的范围内了。因为我们无需作进一步的研究就可以将这些秘密运用于实践，它们立即表现出有用性。不同情境中的证据告诉我们，那些运用这些秘密的人获得了更多的满足和更高的生产力,开始了一种良性循环,在循环中这些秘密变得甚至更有价值了。

底线是,你生活的目标是什么呢?我的答案是通过培育六个秘密,你将发现你的目标,并且你将为他人的福利作出卓越的贡献。生活中很少有事情比分享一个秘密或六个秘密的机会更令人满意了。努力去寻找它吧!

参考文献

Andersen, E. (2006). *Growing great employees: Turning ordinary people into extraordinary performers*. New York: Portfolio.

Barber, M. (2007). *Instruction to deliver*. London: Politico.

Barber, M., & Mourshed, M. (2007). *How the world's best-performing school systems come out on top*. London: McKinsey & Co.

Block, P. (1987). *The empowered manager*. San Francisco: Jossey-Bass.

Boudreau, J., & Ramstad, P. (2007). *Beyond HR: The new science of human capital*. Boston: Harvard Business School Press.

Charan, R. (2007). *Know-how: The eight skills that separate people who perform from those that don't*. New York: Crown.

Cohn, C. (2007). Empowering those at the bottom beats punishing them from the top. *Education Week*, 26(34), 32–33.

Cole, P. (2004). "Professional development: A great way to avoid change." Melbourne: Centre for Strategic Education.

Collier, P. (2007). *The bottom billion: Why the poorest countries are failing and what to do about it*. Oxford: Oxford University Press.

Collins, J. (2001). *Good to great*. New York: HarperCollins.

DeGues, A. (1997). *The living company*. Boston: Harvard Business School Press.

Ellis, C. (2006). *Joe Wilson and the creation of Xerox*. New York: Wiley.

Elmore, R. (2004). *School reform from the inside out*. Cambridge, MA: Harvard University Press.

Franceschini, L. (2002). *Memphis, what happened?* Paper presented at the American Education Research Association, New Orleans.

Frank, R. H. (1999). *Why money fails to satisfy in an era of success*. New York: Free Press.

Friedman, T. (2005). *The world is flat*. New York: Farrar, Straus & Giroux.

Fullan, M. (2001). *Leading in a culture of change*. San Francisco: Jossey-Bass.

Fullan, M. (2006). *Turnaround leadership*. San Francisco: Jossey-Bass.

Fullan, M. (2008). *What's worth fighting for in the principalship*. 2nd ed. New York: Teachers College Press (and Toronto: Ontario Principals' Council).

Fullan, M., Hill, P., & Crévola, C. (2006). *Breakthrough*. Thousand Oaks, CA: Corwin Press.

Gawande, A. (2007). *Better: A surgeon's notes on performance*. New York: Metropolitan Books.

Ghemawat, P. (2007). *Redefining global strategy*. Boston: Harvard Business School Press.

Gittell, J. (2003). *The Southwest Airlines way*. New York: McGraw-Hill.

Grnak, A., Hughes, J., & Hunter, P. D. (2006). *Building the best: Lessons from inside Canada's best managed companies*. Toronto: Viking.

Haidt, J. (2006). *The happiness hypothesis*. New York: Basic Books.

Hargreaves, A., & Fink, D. (2006). *Sustainable leadership*. San Francisco: Jossey-Bass.

Homer-Dixon, T. (2006). *The upside of down: Catastrophe, creativity and the renewal of civilization*. Toronto: Knopf.

How hectoring backfires. (2007, July 14). *Globe and Mail*.

Hubbard, L., Mehan, H., & Stein, M. K. (2006). *Reform as learning*. London: Routledge.
Is GE too big for its own good? (2007, July 22). *New York Times*, pp. B1–B2.
Janis, I. L. (1982). *Groupthink: Psychological studies of policy decisions and fiascoes*. Boston: Houghton-Mifflin.
Kanter, R. M. (2004). *Confidence: How winning and losing streaks begin and end*. New York: Crown Business.
Khurana, R. (2002). *Searching for a corporate savior: The irrational quest for charismatic CEOs*. Princeton, NJ: Princeton University Press.
Leithwood, K., Louis, K., Anderson, S., & Wahlstrom, K. (2004). *How leadership influences student learning*. New York: Wallace Foundation.
Lencioni, P. (2007). *The three signs of a miserable job*. San Francisco: Jossey-Bass.
Liker, J. (2004). *The Toyota way*. New York: McGraw-Hill.
Liker, J., & Meier, D. (2007). *Toyota talent*. New York: McGraw-Hill.
Martin, R. (2007). *The opposable mind*. Boston: Harvard Business School Press.
McGregor, D. (1960). *The human side of enterprise*. New York: McGraw-Hill.
McIntyre, F. (2006). *New teachers thriving by third year*. Toronto: Ontario College of Teachers.
McLean, B., & Elkind, P. (2003). *The smartest guys in the room: The amazing rise and scandalous fall of Enron*. New York: Portfolio.
Micklethwait, J., & Wooldridge, A. (1996). *The witch doctors: Making sense of management gurus*. New York: Times Business.
Miller, L. (2002). *Lincoln's virtues*. New York: Vintage Books.
Mintzberg, H. (2004). *Managers not MBAs*. San Francisco: Berrett-Koehler.
Morrell, M., & Capparell, S. (2001). *Shackleton's way*. New York: Viking Penguin.
New York City Department of Education. (2007). *Children first: A bold commonsense plan to create great schools*. New York: Author.
O'Toole, J. (1995). *The executive compass: Business and the good society*. Oxford: Oxford University Press.
Pfeffer, J. (2007). *What were they thinking? Unconventional wisdom about management*. Boston: Harvard Business School Press.
Pfeffer, J., & Sutton, R. I. (2000). *The knowing-doing gap: How smart companies turn knowledge into action*. Boston: Harvard Business School Press.
Pfeffer, J., & Sutton, R. I. (2006). *Hard facts, dangerous halftruths and total nonsense: Profiting from evidence-based management*. Boston: Harvard Business School Press.
Roberto, M. (2005). *Why great leaders don't take yes for an answer*. Boston: Harvard Business School Press.
Rosenzweig, P. (2007). *The halo effect and eight other business delusions that deceive managers*. New York: Free Press.
Rubin, R. (2003). *In an uncertain world*. New York: Random House.
Sartain, L., & Schumann, M. (2006). *Brand from the inside: Eight essentials to emotionally connect your employees to your business*. New York: Wiley.
Senge, P. (1990). *The fifth discipline*. New York: Doubleday.
Sheth, J. (2007). *The self-destructive habits of good companies*. Upper Saddle River, NJ: Wharton School Publishing.
Shirley, D., and Hargreaves, A. (2006). Data-driven to distraction. *Education Week*, 26(6), 32–33.
Sirota, D., Mischkind, L., & Meltzer, M. (2005). *The enthusiastic employee*. Upper Saddle River, NJ: Wharton School Publishing.

Sisodia, R., Wolfe, D., & Sheth, J. (2007). *Firms of endearment: How world-class companies profit from passion and purpose*. Upper Saddle River, NJ: Wharton School Publishing.

Sober, E., & Wilson, D. S. (1998). *Unto others: The evolution and psychology of unselfish behavior*. Cambridge, MA: Harvard University Press.

Surowiecki, J. (2004). *The wisdom of crowds*. New York: Random House.

Taylor, F. W. (2007). *The principles of scientific management*. Charleston, SC: BiblioBazaar. (Original work published 1911)

Taylor, W., & LaBarre, P. (2006). *Mavericks at work: Why the most original minds in business win*. New York: Morrow.

Thornhill Secondary School. (2007). *Strengthening our literacy foundation*. Presentation to the Learning Fair. Toronto: York Region District School Board.

Welch, J. (2001). *Jack: Straight from the gut*. New York: Warner Business Books.

Welch, J., with Welch, S. (2005). *Winning*. New York: HarperCollins.

Wilkinson, R. (2005). *The impact of inequality*. London: New Press.

Wilson, D. S. (2007). *Evolution for everyone*. New York: Delacorte Press.

索 引

A

埃森哲的 Tiger Woods 广告,48—49,53,75,96,111,117

绩效:外部的,102;内部的,124

行动学习,5

Alvarado, T., 24

Andersen, E., 36

Andersen, S., 69

B

好公司的坏习惯,15

Barber, M., 9,10,23,66,67,95,96,103

Bersin, A., 24,25

Blair, T., 9,95

Block, P., 51

《底层十亿人》(The Bottom Billion),100,114,116

Boudreau, J., 4,66

C

能力建构:界定,57;

散布恐惧,60—63;

评判主义,13,58—60;作为秘密三,11,13;人才的选拔,64—71

Capparell, S., 36,132,133

CEO 搜寻过程,107—108. 也参见领导者

Charan, R., 28

克莱斯勒,28

气候压力,6,112

克林顿总统,116

Cohn, C., 25

Cole, P., 13,86

Collier, P., 100,103,114,115,116,129,131

Collins, J., 7,30

复杂性:尊重,111—121;停留在远侧,123,130—131

一致性和创新,76—86

康内仓储,29,88

好市多,29,30,31

Crévola, C., 80,81,82

批判性的学习指导路径(CLIP),81—82

D

DeGues, A., 107

妄想,商业,6—7

分化,3

非连续性,108

Drucker, P., 118

E

经济压力,6,112

教育政策,惩罚,23—25,62—63

安大略教育系统,34—35,47—48,96—98,127

新加坡教育系统,66,67,68,70,71

Elkind, P., 2

Ellis, C., 33,34

Elomre, R., 86

情商,65

员工:雇用人才,64—71;痛苦职业,102—103

员工,爱:在行动,25—35;透视,35—37;作为秘密一,11—12

能源压力,6,112

安然,2,4,15,44,65

环境压力,6,112

进化理论,1,8—9,43,52

存在价值,129,130

F

散布恐惧,60—63

Fink, D., 108

芬兰教师, 67, 68, 69

友爱企业 (FoEs), 26, 29, 30, 31—32, 36, 45, 51, 52, 66, 88, 98—99

Franceschini, L., 24

Frank, R. H., 131

Friedman, T., viii, 41, 42, 98, 111

Fullan, M., vii, 71, 78, 81, 82

G

Gawande, A., 76, 77, 78, 85, 96

通用电气, 4, 5, 15, 27, 28, 101

通用汽车公司, 15

Ghemawat, P., viii, 42, 115

Gittell, J., 31, 32

Gladwell, M., 65

Goldwyn, S., 61

好的价值, 44

Grnak, A., 32

群体思维, 44—45, 52

恪守秘密的指南, 123—135

H

Haidt, J., 134, 135

光环效应, 7, 8, 15, 16, 29, 115

幸福, 123, 131—135

Hargreaves, A., 93, 108

高专业水平者, 51—52

Hill, P., 80, 81, 82

雇用有才能的人, 64—71

Hitler, A., 44

Holmes, O. W., 130

家得宝, 28

Homer-Dixon, T., 6, 112, 113, 114, 115, 129, 131

在医院的更好实践,76—77,96

House, G., 23—24

Hubbard, L., 24

Hughes, J., 32

人力资源的重要性,66

人文绩效标准,29,30

谦虚,65,111,115,116,130

Hunter, P. D., 32

I

IBM, 15

身份,扩展,50

无法测量的,102

Immelt, J., 27,28

犹豫不决,6

创新和一致性,76—86

整体思维,49,119—121

智力,情绪,65

J

James, W., 43

Janis, I., 44

评判主义,13,58—60

K

Kanter, R. M., 117

Khurana, R., 107, 108

克罗格,30,31

L

LaBarre, P., 45,46,50,52,64,65,89,130

大规模变革,10,12

领导者:连续性,108—109;聚焦个体,107—108;聚焦众人,109—111;指导方针,123—135;角色,128;搜寻过程,107—108;特征,132—133;

在不确定的世界,111—121

学习即工作:一致性和创新,76—86;在情景中学习,86—89;精确性,75—76;作为秘密四,11,13—14

Leithwood, K. , 69

Lencioni, P. , 102,103

Liker, J. , 16,32,36,61,64,78,79,80,82,87,88,93,99

Lincoln, A. , 58—59,60

《林肯的美德》(*Lincoln's Virtues*),58

读写计划,47—48,62—63,82—85,96—98

Louis, K. , 69

爱员工:在行动中,25—35;前景,35—37;作为秘密一,11—12;悲惨的工作场所,102—103

M

管理理论的缺陷,17

Martin, R. , 11,49,76,119,120,121

《商业怪杰》(*Mavericks at Work*),45,64,65,89

MBA 计划,2

McCue, M. , 65

McGregor, D. , 21

McGuinty, D. , 34

McIntyre, F. , 35

McLean, B. , 2

Mehan, H. , 24

Meier, D. , 32,36,64,78,79,80,82,87,88,93

Micklethwait, J. , 16,17

微观管理,126—127

Miller, W. , 58,59,60

Mintzberg, H. , 1,2,4,5,17,89,128

道德价值,129,130

Morrell, M. , 36,132,133

Mourshed, M. , 23,66,67

Muir, W., 43, 44

N

Nardelli, R., 28

《不让一个孩子掉队法》, 23, 62—63, 93

O

安大略省集中干预合作伙伴(OFIP), 47, 98

安大略省中学读写能力测试(OSSLT), 83, 84, 85

安大略省教育系统, 34—35, 47—48, 96—98, 99, 127

整合思维, 11, 49, 76, 119, 121

O'Toole, J., 130

P

有目标的同伴: 积极互动, 41—49; 作为秘密二, 11, 12, 41; 我们—我们的解决方案, 49—53

人(员工): 雇用人才, 64—71; 在悲惨的工作中, 102—103

爱你的人(员工): 在行动中, 25—35; 前景, 35—37; 作为秘密一, 11—12

Pfeffer, J., viii, 6, 16, 17, 60, 61, 62, 63, 64, 71, 89, 94, 109, 118, 119, 124, 126, 128

PLANT(同辈读写能力和计算能力团队), 84

人口压力, 6, 112

积极压力, 14

潜能, 雇用, 71

经济的贫穷, 113, 幸福, 131; 贫穷的国家, 100—101, 114

专业发展, 13—14, 86—87

亲社会倾向(高专业水平者), 51—52

R

Ramstad, P., 4, 66

招聘文化, 65

冒风险, 61, 116

Roberto, M., 117

Romer, P., 42

Rosenzweig, P., 6,7,8,16,17,115,116

Rubin, R., 5,116

S

Sartain, L., 36

学校校长的发展,69—71;非连续性,108

运行最好的学校系统,66—71

Schumann, M., 36

科学管理,22,75,89

Scott, R. F., 132,133

秘密一(爱员工):在行动中,25—35;界定,11—12;前景,35—37

秘密二(联系同伴):界定,11,12,41;有目标的群体,41—49;我们—我们的解决方案,49—53

秘密三(能力建构):界定,11,13,57;散布恐惧,60—63;评判主义,13,58—60

秘密四(学习即工作):一致性,创新,76—86;界定,11,13—14;在情境中学习,86—89;准确性,75—76

秘密五(透明度):界定,11,14,93;有效的透明度,94—99;重要性,90;测量,93—94;力量,99—104

秘密六(系统学习):复杂性,不确定性,111—121;界定,11,14;非连续性,108—109;个体领导者,107—108;许多领导者,109—111

秘密,分享,123,126—127

Senge, P., 109,110

优秀公司的七个坏习惯,15

Shackleton, E., 36,132—133

Shaw, G. B., 25

Sheth, J., 4,15,26,132

Shirley, D., 93

银弹,寻找,5,6,130

新加坡学校系统,66,67,68,70,71

Sisodia, R., 26,27,28,29,30,31,32,36,45,51,66,88,98,127,130

六个秘密:能力建构,57—71;用目标联系同伴,41—53;界定,11—14;五个标准基础,10—11;恪守的指南,123—135;学习即工作,75—90;爱员工,21—37;系统学习,107—121;透明度,93—104

Skilling, J., 2

Sober, E., 51

西南航空公司,29,31—32

利益相关者,界定,127

星巴克,29,65

Stein, M. K., 24

压力,构造,6,112,115

表面的学习,13—14,86,87

Surowiecki, J., 46

Sutton, R., viii,6,16,17,60,61,62,71,89,94,109,118,119,124,126,128

同步失败,6,112

掌握协同效应,123,124

系统学习:领导力,107—111;作为秘密六,11,14,在不确定的世界,111—121

T

雇用有才能的人,64—71

目标,26,27

Taylor, F. W., 22,23,75,89

Taylor, W., 45,46,50,52,64,65,89,130

教师:有才能的,66—69;对待,23—25

技术,界定,1—2

理论:界定,1,125;旅行,8—14,125—126;利用善,15—17;世界的复杂性,5—6

X 理论,21,22,25,32

Y 理论,21—22,25,32

痛苦职业的三个迹象(*The Three Signs of a Miserable Job*),102

丰田,16,29,32,61—62,64,78,79,80,81,82,85,87,88,93,99,

109,126

乔氏贸易,29,31

透明度:有效的,94—99;重要性,90;测量,93—94;力量,99—104;作为秘密五,11,14,93

传播理论,8—14,123,125—126

Tumulsiime-Mutebile, E., 100, 101

U

不确定性:领导力,111—121;理论,5—6

《底之上》(The Upside of Down),6,112

功利主义价值,129,131

V

价值,44,129—130

活力曲线,3,4,7,101

痴迷规模,4,15,132

W

Wahlstrom, K., 69

沃尔玛,26,27,30

Warner, J., 65

韦格曼斯,29,31

Welch, J., 2—3,4,5,15,27,28,101

West, A., 46

我们—我们的承诺,49—53

全食,29,30,31,45

Wilkinson, R., 131

Wilson, D. S., 1,9,43,44,51,52,125

Wilson, J., 33—34,36

智慧,124

Wolfe, D., 26

Woods, T., 48,53,75,79,96,111,117

Wooldridge, A., 16,17

测验,4—5,7

世界:复杂性的,111—121;作为唯一的牡蛎,123,127—130

X

施乐,15,33—34

Y

Yeats,W. B.,113